서울대학교 규장각한국학연구원 한국학연구총서 36

일제 강점기의 철도 수송

일제 강점기의 철도 수송

허우긍

서울대학교출판문화원

Geographies of Rail Transport during the First Half of Twentieth Century

Huh, Woo-kung

SNUPRESS

머리말

20세기 전반 일제 강점기는 우리에게 질곡과 비통의 시기였으며, 또한 엄청난 변화의 시기이기도 하였다. 이런 변화를 몰고 온 주역 가운데 하나로 철도를 꼽아도 무리는 아닐 것이다. 철도교통은 방대한 시설과 막강한 기동력을 앞세워 전통 교통수단을 압도해 나갔고, 도로와 수로 중심의 전통 교통체계는 철도망의 우산 아래 통합되기에 이른다. 사람과 화물의 흐름도 당연히 새 체계를 따라 바뀌어 갔을 것이다.

이 책은 강점기에 새로 등장한 철도교통체계 아래에서 교통 흐름이 어떠했는지, 또 그 의미는 무엇인지 살펴보려 시도하였다. 강점기의 경제 정책과 투자를 두고, 이를 식민 수탈에 불과하다는 평가와 나름 한국의 근대화에 기여했다는 평가가 엇갈리고 있다. 필자의 소박한 생각은, 강점기의 의미를 제대로 평가하려면 우선 강점기 당시의 상황을 더 자세히 파악할 필요가 있다는 것이다. 연구가 누적되다 보면 강점기의 교통 정책과 투자에 대한 진단이 차츰 더 분명해질 수 있을 것이라 기대해 본다.

강점기의 철도 수송을 다루어보아야겠다는 구상은 2004년쯤으로 거슬러 올라간다. 당시 필자는, 서울대학교 규장각한국학연구원의 지원을 받아, 경상도 지방의 옛 육상교통체계가 19세기 말~20세기 초에 어떻게 바뀌어갔는가를 연구하는 중이었다. (이 연구는 나중 «개항기 전후 경상도의 육상교통»(2007)이라는 책으로 출판되었다.) 경상도의 옛 교통자료를 모으고 분석하면서, 차제에 연구의 범위를 전국으로 펼쳐보면 어떨까하고 욕심을 내게 되었다. 이 욕심은 나중에 고난의 행군으로 이어지게 되었다. 필요한 자료를 찾아 정리하는 일이 만만한 것이 아니었기 때문이다. 상당 분량의 조선총독부 자료는 서울대학교 도서관과 국립중앙도서관 등에 보존되어 있지만 일부 연도는 빠져 있었고, 결국 일본까지 가서야 해결되었다. 결본 가운데 초기 연도 분은 일본 히토츠바시(一橋)대학교 도서관을 직접 방문하여 구하였고, 다른 일부 자료는 큐슈 오이타(大分)대학교의 소장본을 도도로키 히로시(轟博志) 교수(리츠메이칸(立命館) 아시아태평양대학교, 큐슈 벳푸)가 복사해 보내주었다. 이처럼 옛 자료 구하기에 꽤 힘을 기울였으나, 1940년 이후 전쟁으로 피폐해가던 강점기 말의 자료는 아직도 오리무중이다.

어렵사리 자료를 마련하고도 그 많은 통계숫자들을 다 어찌해야할지 엄두가 나지 않아 차일피일하던 차에, 다시 서울대학교 한국학장기기초연구사업의 지원을 받아서야 해묵은 연구 구상을 실행에 옮길 수 있게 되었다. 경상도의 육상교통 연구에 이어 이번 연구까지 거푸 지원해주신 규장각한국학연구원에 감사드린다.

이 책이 나오기까지는 또 여러 분의 도움이 있었기에, 여기에 적어 고마움을 표한다. 연구 결과를 검토해준 여러 심사위원들의 평은 원고를 다시 가다듬는 데 유익하였으며, 서울대학교출판문화원의 직원 여러분은 이 책의 편집과 교정에 힘을 써 주었다. 대학원생 반도 미야(坂東美哉) 양은 강점기 시절의 자료가 일본에서는 어디에 소장되어 있는지 조사해 주었으며, 이정훈 군은 방대한 통계자료를 정리하느라고 고생하였다. 또 심규진 군은 자료의 분석을 거들었고, 김은경 양은 필자가 그린 초벌 그림들을 맵시나게 다듬어 주었다. 눈빛출판사에서는 옛 군산항의 사진(그림 IV-11)을 싣도록 허락해 주었고, 대구역 사진(그림 III-13)은 철도청의 출판물에서 옮겨 실은 것이다. 이러한 도움에도 불구하고, 이 책에서 드러나는 미흡한 점은 모두 필자의 부족함에서 비롯된 것이다.

2010년 여름
지은이 삼가 씀

차례

표

그림

I

철도 여객과 화물의 수송:
지리적 접근

1. 일제 강점기의 철도 수송 연구

1) 교통 흐름의 특성

자연에서 물의 흐름이나 에너지의 흐름이 생태계를 유지하는 데 필수적이듯이, 사람들이 모여 사는 데에서도 흐름은 중요하다. 사람과 물자의 흐름이 있기에 한 지역이 유지될 수 있으며, 그 흐름이 왕성할수록 해당 지역은 활기가 넘치고 건강한 법이다.

우리 사회의 여러 흐름 가운데에서, 교통 흐름은 그 성격이 아주 독특하다. 사람과 화물은 이동 자체가 필요하여 이동하는 것이 아니라 다른 목적을 이루기 위해 이동한다. 좀 딱딱하게 말하자면, 교통 흐름이란 다른 활동에서 파생(派生, derived)되는 것이다. 사람들은 경제 활동을 위해, 공부하러, 물건을 사러, 친구를 만나려고 한 곳에서 다른 곳으로 이동한다. 즉 통행 목적지인 사무실, 학교, 시장, 찻집에서의 활동을 수행하기 위하여 이러한 움직임이 발생하는 것이다. 물자가 수송되는 것도 마찬가지이다. 광산에서 공장으로 가는 원료, 상점에서 소비자에게로 배달되는 공업제품, 농촌에서 생산되어 도시로 가는 먹을거리 역시 이동 목적지에서의 생산과 소비 활동을 충족하기 위해 배송되는 것이다. 물론 예외가 있기는 하다. 사람들은 그냥 쉬기 위해서 무작정 길을 떠나기도 하며, 어떤 화물이 잘못 배달되어 온 길을 다시 되돌아가는 일도 벌어지곤 한다. 그러나 이런 흐름은 어디까지나 예외일 뿐, 대부분의 사람 통행과 물자의 수송은 목적지에서의 활동을 위해 발생하는 것이다.

이동의 이러한 파생적 특성 때문에 교통 흐름은 지역을 비춰 주는 거울 구실을 한다. 흐름이 많이 발생하는 결절(結節, nodes)들은 어디인가, 발생 교통량은 얼마인가, 또 시간이 지나면서 어떻게 달라지는가를 통해 우리는 지역의 도시계층구조와 그 변화를 추적할 수 있다. 더 나아가 사람과 화물의 흐름이 어디(origin)에서 발생하여 어디(destination)로 얼마나 많이 가는가를 통해 우리는 교통 결절이나 노선의 배후지(背後地, hinterlands) 범위와 특성을 파악할 수 있게 되는 것이다. 화물의 경우에는 더 나아가 화물의 종류에 관한 정보까지 갖추면 지역의 모습을 더 세밀하게 들여다 볼 수 있게 된다.

교통 흐름에는 몇 가지 규칙성을 엿볼 수 있다. 우선 수송량은 교통 결절이나 배후지의 크기와 특성에 영향을 받게 마련이다. 인구가 많을수록, 경제 활동이 왕성할수록 수송량은 늘어나게 된다. 지역의 특성은 수송화물의 종류와 양에도 결정적 영향을 미친다. 교통 흐름은 또한 거리에 민감하여, 이른바 거리조락성(距離凋落性, distance decay)을 띠는 것이 일반적이다. 가까운 거리에서는 이동이 자주, 많이 발생하고, 거리가 멀어질수록 이동이 드물고 이동량도 줄어들기 쉬운 것이다.

교통 흐름은 교통체계의 영향을 강하게 받는다. 교통의 역사란 거리를 극복하려는 인간의 노력, 그리고 그 노력의 결실인 기술의 진화 역사라고 말해도 큰 무리는 없을 것이다. 도보에서 우마차, 기차, 자동차로 이어지는 일련의 기술 진보는 사람과 화물이 더 멀리, 더 자주, 더 많이 이동하도록 도와주었다. (이 책에서 다루려는 19세기 말~20세기 초의 기차처럼) 새 길이 나고, 새 교통수단이 등장하면 이동 거리와 빈도, 이동량이 늘어나는 것은 당연해 보이지만, 여기에는 두 가지 요소가 작동하고 있다. 하나는 기술 자체의 진보에서 비롯되는 이동성(移動性, mobility)의 증가 부분이다. 더 싸고 더 편하게 이동할 수 있음으로 인해 늘어나는 이동성이다. 또 다른 하나는 사람과 사회 조직이 새 교통 시스템에 차츰 적응하면서 늘어나는 이동성 부분이다. 즉 생활양식(life style)이 바뀌면 이동성도 달라지는 것이다. 우리는 종종 "옛날보다 더 바쁘게 살게 되었다."는 불평어린 표현을 쓴다. 문명의 이기가 우리의 느린 삶을 바쁘고 빠른 삶으로 바꾸어 가고 있음을 보여주는 단서이다.

2) 연구의 목적과 내용

경인선(노량진~제물포)의 개통(1899년)으로 시작된 한국의 철도는 근대교통수단이 없었던 한반도의 공간구조에 적지 않은 변화를 몰고 왔다. 한촌(閑村)에 불과하던 곳이 개항장으로 지정되고 철도에 연결되면서 주요 관문도시로 성장하기도 하였으나, 철도가 비껴간 곳은 비록 전통적으로 중요하였던 곳이라도 홀대받았다. 도시 내부에서도 철도역이 자리 잡은 곳을 중심으로 새로운 시가지가 형성되어, 기존의 시가지와 경쟁을 벌이게 되었다. 또한 일제 강점기에 놓인 철도 노선은 대부분 광복 후에도 그대로 남아, 지금 우리나라 철도망의 기초를 이루었다.

이런 연유로 한반도에 철도망이 전개되어 나가는 과정과 부설 의도, 철도 부설과 함께 저질러진 일본의 만행과 선조들의 저항 등에 대해서는 학계의 관심이 적지 않았다. 그러나 아쉽게도, 일제 강점기에 철도망을 따라 움직인 교통 흐름 즉, 사람의 통행과 화물 수송의 지리적 특성에 대해서는 밝혀진 바가 매우 적다. 당시 사람들은 얼마나 멀리 기차를 타고 다녔는지, 어떤 노선에 사람과 화물이 얼마나 수송되었는지, 각 철도역의 여객과 화물 취급 규모는 어떠하였는지, 또 강점기 동안 이런 유동 양상은 어떤 변화를 겪었는지에 대한 지식의 축적이 매우 적은 것이다. 본 연구는 20세기 전반기의 철도교통에 대한 연구에서 이러한 공백을 조금이나마 메우고자 시도한다. 사람과 화물의 이동은 매우 지리적인 현상으로서 그 자체로도 흥미로운 연구 주제일 뿐 아니라, 교통이란 한 지역의 사회·경제적 상황을 비춰주는 거울이라는 점에서도 연구 의의가 크다.

이 연구는 일제 강점기 동안 우리나라 철도 여객과 화물 이동의 특징과 변화를 파악하는 데 목적을 두었으며, 주안점을 두고 다룬 내용은 다음과 같다.

첫째, 한반도의 철도망을 조감하였다. 한반도 철도망을 구성하는 여러 노선을 그 부설 배경의 관점에서 분류하고, 강점기 동안에 어떻게 확장되어 갔는지 검토하였다.

둘째, 철도망 전체로 본 철도 수송의 지리적 특징을 파악하였다. 강점기 동안의 여객과 화물 수송량의 증가 추이, 강점기의 일본 철도 수송과의 비교, 여객과 화물의 이동 거리 분포 등에 연구 초점이 두어졌다.

셋째, 분석의 스케일을 철도 노선 수준으로 낮추어, 노선별 수송 특성을 밝히려 노력하였다. 특히 노선별 화물 수송의 특징은 어떠한가에 관심을 두었다.

넷째, 더 미시적 수준에서 철도역 단위의 고찰을 시도하였다. 주요 역의 여객과 화물 취급량 순위와 그 변동, 간선과 일부 지선에 대한 더 자세한 사례 분석이 주요 내용이다.

본 연구는 이런 분석을 통해 드러난 철도 수송 특징의 의미를 이해하는 데 주력하였으며, 나아가 강점기의 경제 상황, 취락 체계, 인구 성장 추이와의 관계를 살폈다.

이 연구는 공간적으로는 한반도 전체를 대상으로 삼으며, 시간적으로는 1910년경 이 땅에 철도 영업이 본격화되기 시작한 때부터 광복 전까지의 시기를 다루었다[1]. 일제 강점기의 철도 교통에 관한 자료는 그 출처와 항목에 따라 시작 연도와 끝나는 연도가 들쭉날쭉하여 시작과 끝 연도를 모든 분석항목에 일률적으로 맞추기는 어렵다. 이 글에서는 가급적 분석 기간을 길게 잡으려 노력하였으며, 대부분의 자료에서 출판연도가 겹치는 1910년에서 1940년까지를 주 분석 기간으로 삼았다.

자료가 허용하는 한 국유철도와 사설철도를 함께 분석하려고 노력하였다. 광복 후에는 우리나라의 모든 철도 노선을 국가에서 운영하게 되었지만, 강점기에는 국유철도와 사설철도가 함께 운행되었었다. 사설철도는 대부분 지선이고 종종 그 길이도 짧았지만, 각 지역의 여객과 화물 수송에서 큰 몫을 담당하고 있었다.

철도 노선에는 종종 이름을 붙여 부른다. 가령 서울~부산선 대신 경부선, 대전~목포선 대신 호남선으로 부르는 식이다. 일제 강점기에 붙여졌던 노선 이름 가운데에는 지금의 노선 이름과 다른 것도 있다. 지금의 중앙선(서울~영천)을 경경선(京慶線), 대구선(대구~포항)을 경동선(慶東線)으로 불렀던 것이 그

1 경인철도(서울~인천)가 1899년에 개통되고 속성공사로 만들어진 경부철도(서울~부산)가 개통된 때가 1905년이었지만 아직 사설철도였다. 1908년에 국유철도로 격상되면서 비로소 수송(traffic) 관련 통계자료가 출간되기 시작한다.

보기이다. 또 사설철도 노선은 해당 회사의 이름으로 불린 경우가 더 흔하였다. 전북철도(全北鐵道: 전주~익산, 지금 전라선의 일부 구간), 조선경남철도(朝鮮京南鐵道: 천안~장항, 지금의 장항선) 등이 그 보기이다. 이 글에서 철도 노선의 이름은 가급적 가장 나중의 이름 또는 지금 우리가 부르는 이름을 적으며, 과거 이름은 필요에 따라 함께 적기로 한다.

3) 강점기의 철도 운영기관과 수송 자료

강점기의 철도 운행에 관한 자료는 조선총독부철도국(朝鮮總督府鐵道局)의 연보(年報)와 조선총독부의 통계연보(統計年報)가 중심이며, 광복 후에 출간된 자료로는 일본 선교회(鮮交會)의 조선교통사(朝鮮交通史)와 그 자료편(1986), 국내에서는 철도청에서 발간한 일련의 출판물(«철도사» 1~5권, «한국철도100년사») 등을 사용하였다. 강점기에 철도는 통감부 철도관리국(1908년 이전), 철도원 한국철도관리국(1909), 조선총독부철도국(1910~1916), 남만주철도주식회사 경성관리국 또는 경성철도국(1917~1923), 조선총독부철도국(1924년 이후)으로 관리주체가 계속 바뀌었고, 이에 따라 연보의 명칭 뿐 아니라 체제와 내용도 종종 바뀌어, 분석의 일관성을 기하려면 자료 정리에 노력을 상당히 기울여야 한다. 또한 1939년과 1940년분은 일부 통계만 입수 가능하고, 1941년 이후 1945년까지는 그나마 연보가 제대로 출간되었었는지 명확하지 않다.

국권 피탈이 있기 몇 해 전부터 한반도의 철도는 사실상 일본에 의해 운영되기 시작하였다. 1906년 2월 통감부(統監府)가세워지고, 같은 해 7월에는 통감부에 철도관리국이 개설되어 당시 사설철도로 운영 중이었던 경인철도(서울~인천)와 경부철도(서울~부산)를 매수하고, 군용선으로 놓였던 경의선(서울~신의주)과 마산선(심랑진~마산)도 통감부로 이관된다. 1910년 국권 피탈 이후 조선총독부에 철도국이 설치되어 한반도의 모든 철도 업무를 통괄하게 되었으며, 철도 관련 연보 등 통계와 자료집이 출간되기 시작하는 것도 대체도 이 무렵부터이다.

이로부터 7년 후 일본은 한반도와 만주의 철도를 통합 운영하려는 구상으로 남만주철도주식회사에 한반도 철도의 경영을 위탁하게 된다. 남만주철도주식회사는 만주로 진출한 일본이 설립한 회사로 1907년부터 영업을 개시하고 있었다. 위탁 결정 후 이 회사는 서울에 경성관리국을 설치하였고 1925년 4월까지 약 7년 9개월 동안 한반도의 국유철도를 경영하였다. 남만주철도주식회사 경성관리국은 1923년에 경성철도국으로 이름이 바뀐다. 그러나 이러한 위탁경영 체제가 효율성이 떨어지고 여러 문제가 발생하게 되자, 1925년 4월에 국유철도는 조선총독부 직영 체제로 다시 환원하게 된다[2].

1925년 조선총독부철도국의 직영 체제로 전환한 이후 1930년대까지 한국 철도는 그 노선이 크게 늘고 수송량이 증가하여 영업 수지가 좋아지는 등 성장을 거듭하였다. 그러나 1941년 태평양전쟁이 본격화되면서 한반도의 철도는 피폐 일로에 들어서게 되었다. 물자는 부족해지고 군대의 징발이 거듭되며 통제가

2 남만주철도주식회사가 한반도 철도 운영에서 완전히 손을 뗀 것은 아니었다. 1933년 10월에 북부 지방의 철도 노선 가운데 일부, 즉 함경선의 수성~회령 구간, 청진선, 회령탄광선(회령~계림), 도문선(회령~웅기)은 남만주철도주식회사에 다시 위탁하였다가 약 4년만인 1937년에 대부분 구간의 운영이 조선총독부로 환원된다.

심해지게 되었고, 1943년에 이르면 철도의 '경영'이라기보다는 '군수 명령'에 의해 운영되는 수준에 이르게 된다(철도청, 1999, «한국철도100년사». pp.212~214). 1940년을 고비로 철도 관련 통계가 드물어지는 것도 이러한 사정과 관련이 있었을 것이다.

한반도에서 사설철도의 역사는 1900년대부터 비롯된다. 1909년 부산궤도주식회사가 동래 남문에서 동래온천장(6.2마일)까지 영업을 개시하였고, 1906년 설립되어 1913년 개칭한 조선와사전기주식회사는 부산진~동래간 전차를 운영하였다. 같은 해 12월에 전북경편철도주식회사는 전주~이리(익산)간 철도를 개통하였고, 1915년 말에는 함흥탄광철도주식회사가 함흥~서호진 사이에 철도 운영을 개시하였다.

제도적으로는 1912년 6월 조선경편철도령이 공포된 이래, 1920년 6월 조선사설철도령이 제정되고 같은 해 11월에 시행되면서 한반도에서 사설철도의 역할은 점차 늘어 갔다. 사설철도는 정부가 끊임없이 매수하여 국유철도에 편입되는 외에도 민간회사끼리의 인수 합병도 일어나, 그 변화 과정이 적잖이 복잡하다. 일제 강점기 말 무렵인 1930년대 말~1940년대 초 현재 운영 중이었던 사설철도는 조선철도(충북선, 경북선, 황해선, 함남선, 함북선, 경동선), 금강산전기철도(경성전기), 조선경남철도, 조선경동철도, 신흥철도, 다사도철도, 삼척철도, 경춘철도, 조선평안철도, 단풍철도, 평북철도, 서선중앙철도, 조선인조석유(조선석회공업), 북선척식철도 등이었다(각 철도회사의 영업노선은 ‹표 II-2, 3, 4› 참조). 사설철도의 수송에 관한 자료는 조선총독부철도국의 연보에 사설철도 편을 두어 실었으며, 일부 연도에는 사설철도 및 궤도 연보(私設鐵道及軌度 年報)라는 별개 출판물로 발간되기도 하였다. 사설철도들이 독자적으로 발간한 통계

자료집은 찾아보기 어렵다.

2. 한반도 철도에 관한 선행연구

강점기의 철도에 관한 연구는 한반도를 둘러싼 열강들의 철도 부설권 쟁탈과 한국인의 저항 등을 다루는 연구가 주를 이루고 있다. 이 가운데 일제 강점기의 철도망 발전과정, 한국인의 저항 운동, 일본의 한반도 철도 경영과 한국인의 대응 등 다양한 주제를 다룬 정재정의 연구(1992, 1999, 2005)는 그 양과 폭에서 다른 연구물들을 압도한다고 평할 수 있을 것이다. 이철우(2004)는 일본의 철도부설과 한민족의 저항을 주제로 삼아, 강점기의 불공정한 토지수용과 노동력의 강제 동원 등은 궁극적으로 연선의 주민과 의병이 반(反)철도운동을 전개하는 계기가 되었음을 밝히고 있다. 일본측 연구물 가운데에서는 서구 열강과 일본의 철도 부설권 다툼을 정리한 이노우에 유이치(井上勇一)의 연구물(2005)이 한국의 철도 부설 초기의 상황을 이해하는 데 주목을 받을 만하다[3]. 김경림(1987)은 1930년대를 중심으로 추진되었던 이른바 '조선철도 12년 계획'에 의해 구축된 철도망의 특성과 그 영향을 분석하였다. 그는 화물 운송에서 발송화물이 우세한 점과 특정 품목의 화물에 치우친 점을 근거로 하여 12년 계획선이 화물 반출용임을 밝히고, 일본의 철저한 경제적 수탈을 위해 건설된 노선들로서 특히 북부 지방의 자원개발이 일차적인 목표였던 것으로 결론지었다.

3 이노우에 유이치(井上勇一)의 연구물은 최근(2005) 우리말로 번역되어 출판된 바 있다.

한반도 철도망 전체보다는 각 지역 노선에 대하여 철도 전개과정과 그 의미를 미시적으로 살핀 연구물도 있다. 이병천(1981)은 일본의 철도부설권 강탈에 맞서서 우리나라에서 자발적으로 일어난 호남철도 부설운동(1904~1908)의 성격과 한계를 분석하고, 부설운동 배경의 자본을 민족 자본이나 매판자본 중 어느 하나로 규정하기 어려운 면을 가지고 있다고 하였다. 같은 호남선(대전~목포)을 주제로 호남 지방의 시군지(市郡誌)와 철도운임 자료 등을 분석한 연구(김희중, 2002)에서는, 한국인 상가가 쇠퇴하고, 철도역 예정지 주변의 토지를 일본인이 독점하고, 교통수단을 일본인이 독점하여 한국인의 경제 활동이 위축되었던 점을 밝히고, 호남선이 연변에 거주하는 일본인의 근대화와 치부에 이바지 하였을 뿐이라는 결론을 도출하였다. 호남선과 같은 국유 간선 철도 이외에도 사설철도에 대한 연구에서도 비슷한 결론들이 도출되었다. 김양식(2005)은 충북선(조치원~충주)의 공산품과 농산물 운송 상황을 분석하여, 이 노선이 충북지역을 농업지대로 묶어둠으로써 근대화를 지체시킨 요인으로 작용하였음을 밝혔다. 비슷한 연구는 다른 노선으로도 이어진다. 이은진(2005)은 마산선(삼랑진~마산)을 대상으로 건설배경을 분석하고, 한국의 철도부설 노력이 일본의 차관공여 등 각종 술책에 의해서 무산되고 부설권을 강탈당하는 과정을 그렸고, 전성현(2009)은 동해남부선(부산~경주)을 둘러싼 대구와 부산의 일본 거류민 자본의 갈등과 이를 봉합하고자 한 조선총독부의 역할, 한국 민족자본의 철도부설운동 참여와 한계 등을 다루었다. 견수찬(2002)은 경기도에서 수인선(수원~인천)과 수려선(수원~여주)이 부설되고 폐지될 때까지의 변화를 다루었고, 나아가 수려선을 중심으로 내륙화물 운송체계를 독점하려는 경동철도회사와 다른 운송업체간의 갈등 양상을 설명하고 있다.

학계의 연구물이라고 말하기는 어렵지만, 철도청 및 연관 기관에서 펴낸 일련의 출판물(«철도건설약사», 1965; «한국철도사», 1974~1994년에 걸쳐 6권 출간; «한국철도100년사», 1999; «한국철도건설백년사», 2005년에 3권 출간)도 우리나라의 초기 철도 건설과정을 이해하는 데 귀중한 자료이다. 다만 내용이 철도 건설과 운영에 비중을 많이 둔 점은 다소 아쉬운 부분이라고 말할 수 있겠다. 20세기 초 철도의 의미를 다각도에서 조명한 수필(박천홍, 2003)도 흥미로운 관점을 제공한다.

철도의 영향, 특히 철도가 불러온 지역 구조의 변화도 관심 대상이었다. 전국 스케일에서는 김영성(1996)이 새로운 교통수단이 도입됨에 따라 한반도의 시-공간이 어떻게 수렴하였는가를 추적하였으며, 공환영(1971)은 남한의 역전취락(驛前聚落)들을 조사하고 그 유형을 분류하였다. 최영준(2000)은 식민기의 철도 연구 방향을 논하였으며, 한주성(1988)은 국내 관련 문헌을 분석하였다.

지역 수준의 연구에서는 류제헌(1990, 1994)이 호남평야의 전통적 중심지인 전주와 식민 중심지인 군산의 이중구조를 그려, 근세-근대간 지역 구조의 변화를 밝히려 하였다. 경상도를 대상으로 한 연구(허우긍, 도도로키 히로시, 2007)에서는 지방의 수로와 도로망이 철도교통체계에 편입되어가는 과정을 자세히 다룬 바 있다. 같은 경상도를 대상으로, 홍금수(2005)는 시간적 범위를 더 넓혀 조선 후기~강점기에 영남지방의 지역체계가 어떻게 변모되었고, 여기에 교통의 발달이 어떤 역할을 하였는지 다루었다. 충북선의 도입으로 말미암아 종래 청주와 충주가 각기 지역 중심지의 역할을 하던 데서 하나의 지역으로 통합되는 점을 기술한 연구(김양식, 2005), 충북지방의 교통망 변화를 네트워크 분석법으로 다룬 연구(류재훈, 1989)도 지역 수준의 연구사례에 속한다.

특정 노선을 대상으로 공간구조의 변모를 추적한 연구도 보인다. 주경식(1994)은 경부선(서울~부산) 개통에 따른 연변 공간구조 변화를 다루어, 경부선의 노선형태가 기존 도시체계를 무시한 채 군사노선으로서 건설되었던 탓에, 도시 계층구조 및 공간 편성에 많은 영향을 미쳤다고 결론짓고 있다. 지선(支線)으로는, 교통 시스템의 변천(강영주, 1996)과 경관 변화(이은세, 1981)의 관점에서 경인선(서울~인천)이 연변 공간에 미친 영향, 같은 경인선에 대하여 주안의 천일제염, 부평의 미곡 및 군수공업의 수송 기능(이영민, 2005), 수려선의 성격 변화(도도로키 히로시, 2001), 수인선의 기능변화(윤옥경, 1992)를 고찰한 연구물이 있다.

철도처럼 궤도를 따라 움직이는 교통수단으로서, 도시전차를 대상으로 도시계획이나 도시성장에 미친 영향 등을 살펴본 연구도 일부 있다. 이은숙(1987)과 이혜은(1987, 1990)은 서울의 전차를 사례로 자동차교통이 우세해지기 전까지 도시 형성과 확장 방향에 주도적인 영향을 미쳤음을 밝혀냈다. 손정목(1982, 1996)은 도시계획의 일환으로서의 교통을 다루어, 개항장과 개시장의 도심부 형성과 일본인의 역할에 관한 연구 등을 수행하였다. 김종헌(2006)은 철도 역사(驛舍)가 도시에서 갖는 의미에 주목하여, 개항장 부산과 인천에서 철도 역사를 중심으로 일본인 거주지가 형성되고 그 결과 신시가지가 등장하고 기존 도시의 구조가 재편되어가는 과정을 다루었다.

이처럼 철도(와 궤도차)의 부설 과정이나 그 의미에 대해서는 비교적 연구물이 많으나, 교통량(traffic flows)에 관한 연구는 찾아보기 어렵다. 이는 연구 수행에 필요한 자료가 많지 않고 그나마 여기저기 흩어져 있어, 이를 모으고 정리하는 일 뿐 아니라 분석 작업에 대한 부담도 컸기 때문으로 짐작된다. 전국 범위로 철도교통량을 분석한 연구물은 정재정(1999)이 국유철도를 대상으로 여객과 화물의 운임, 화물의 품목별 이동 상황 등을 분석한 것 말고는 심도 있는 연구가 드물다. 개별 노선으로는 수려선(도도로키 히로시, 2001), 경북선(김천~안동: 허우긍, 도도로키 히로시, 2007), 충북선(김양식, 2005)의 여객과 화물 수송에 대한 연구 정도이다.

강점기 철도의 부설 배경을 논하는 연구물은 대체로 철도가 식민지의 통치·관리와 수탈의 도구였다는 결론을 거듭 생산해 내고 있다. 이런 거대담론이 비록 독자들의 정서에는 부합할지 모르나 연구의 주제로서는 신선함을 조금씩 잃어가고 있다. 철도가 지역 구조에 미치는 영향을 다룬 연구물들도 비슷한 사정으로, 여러 정황 증거를 단서로 철도의 영향을 추론하는 경향이 강하다. 거시적 연구와 달리, 개별 노선이나 특정 지역을 대상으로 심층 분석하는 경우에는 연구가 구체성을 띨 수는 있으나, 강점기 교통망 전체에서 해당 노선을 자리매김하기가 쉽지 않다. 한반도 전체를 바라보는 시각을 간직한 채 구체적 분석도 갖추는 방안의 하나로 이 책은 여객과 화물의 유동(流動)을 주제로 택한 것이다.

3. 이 책의 구성

이 책은 서론을 제외하고 다섯 부분으로 구성된다. 제2장은 한반도 철도망의 형성과정을 조망하고, 노선의 유형을 나누어 그 특징을 살핀다. 책의 나머지 부분에 대한 기초를 제공하는 역할을 하는 셈이다. 제3장은 철도 수송 양상의 큰 틀과 그 변화를 살핀다. 철도 수송량의 증가, 인구 및 경제 성장 속도와의 비교, 이동성(移動性, mobility)의 지리적 특징, 일본의 철도 수송과의 비교 등이 주 내용이다. 제4장은 철도 수송의 지리적 분포를 논하는 부분으로 노선의 수송 특징을 비교하는 데 주안점을 둔다. 남부와 북부 지방의 노선 비교, 간선과 지선의 비교 등이 주요 내용이며, 나아가 노선별 수송 화물의 특화(特化)를 다루었다. 화물은 그 종류가 다양하고 지역에 따라 수송되는 주요 품목이 다르기 때문에 자세히 다룰 필요가 있었다. 제5장은 분석의 수준을 가장 낮추어 각 역의 수송 양상을 다루고, 이를 도시체계 및 인구 성장과 관련지어 살펴본다. 끝으로 제6장은 결론부로 연구의 성과를 요약하고 그 함의를 논한다.

II
일제 강점기의 한반도 철도망

1. 한반도 철도 노선의 유형

강점기의 철도 수송을 다루려면 당시 운행되었거나 공사 중이었던 여러 노선, 그리고 철도망의 구축 계획을 우선 살펴볼 필요가 있다. 노선별 수송량이나 역별 취급량을 분석할 때 해당 노선의 건설 배경과 특징을 알아야하기 때문이다. 이 장(章)에서는 먼저 강점기에 운행된 노선들의 특징을 살피고, 이런 노선들이 어떻게 구상되고 건설되어 나갔는지를 시기별로 조감하며, 또 철도망의 확장 과정을 국유철도와 사설철도로 나누어 살펴본다.

필자는 개항기 전후 경상도의 육상교통을 다룬 연구(허우긍, 도도로키 히로시, 2007)에서 경상도에 건설된 철도 노선을 건설 목적에 따라서 국가 간선형 노선, 지역경제 개발형 노선, 산업철도 및 기타 노선으로 구분한 적이 있다. 국가 간선형 노선이란 국토 전체 및 국제적 수송을 위해 설정된 철도로 그 형태는 대체로 종관형(縱貫形)이다. 지역경제 개발형 노선은 간선 철도의 역 혹은 항구를 기점으로 하여 내륙의 교통 개선과 경제 개발을 목적으로 건설된 노선이다. 마지막으로 산업철도 및 기타 노선은 특정자원의 개발과 수송을 위해 건설된 노선으로 국가에서 건설한 노선뿐 아니라 민간자본이 투자한 노선도 많으며, 이 밖에 특수철도로 군용 철도 및 관광 철도가 있다.

이러한 유형 구분 방식을 본고에도 적용해 한반도 전체 철도 노선의 특징을 살펴보기로 한다. 단 건설 목적이나 배경이란 본래 명시적으로 밝혀지지 않는 경우가 많은데다 때론 복합적일 수도 있어, 각 노선의 유형 판단에는 어느 정도 주관이 따를 수밖에 없다.

1) 국가 간선형 철도 노선

한반도의 초기 국가 간선형 노선의 특징은 수도인 한성부(서울)를 중심으로 주요 개항장 및 국경에 인접한 도시를 X자형으로 잇는 형태로 되어 있다. 부산항과 한성부를 잇는 경부선과 한성부와 신의주를 잇는 경의선, 경부선의 대전에서 분기하여 목포항을 잇는 호남선과 한성부에서 원산항을 잇는 경원선, 그리고 원산항에서 청진을 거쳐 회령을 잇는 함경선이 이에 해당한다.

경부선과 경의선은 한반도의 경제를 장악하고 대륙진출을 도모하려는 일본의 의도를 엿볼 수 있는 노선이다. 일본에서 가장 가까운 항구인 부산항으로부터 대륙의 길목인 국경도시 신의주까지 최단거리로 연결하면서도 경제적으로 중요한 지역을 노선에 포함시킨 것이다. 특히 당시 한국이 자력으로 건설하려고 했던 경의선은 1904년 러일전쟁이 발발하면서 병력과 군수품 수송 등 전쟁수행의 중요도를 구실로 일본에 의해서 강제적으로 군용 철도로 부설되었다.

경의선과 같은 이유로 경원선 또한 일본이 강제로 부설권을 장악하였다. 비록 러일전쟁의 이른 종전 때문에 부설이 다소 미뤄지기는 했지만, 함경도의 물자를 반출하기 위한 필요성이 대두되어 1911년 용산과 의정부 사이의 개통을 시작으로 1914년 전 노선이 개통되었다. 호남선 또한 경의선, 경원선과 마찬가지로 한국의 자력 건설의지가 상당히 강한 노선이었으나(이병천,

그림 II-1
한반도의 철도 노선, 1944

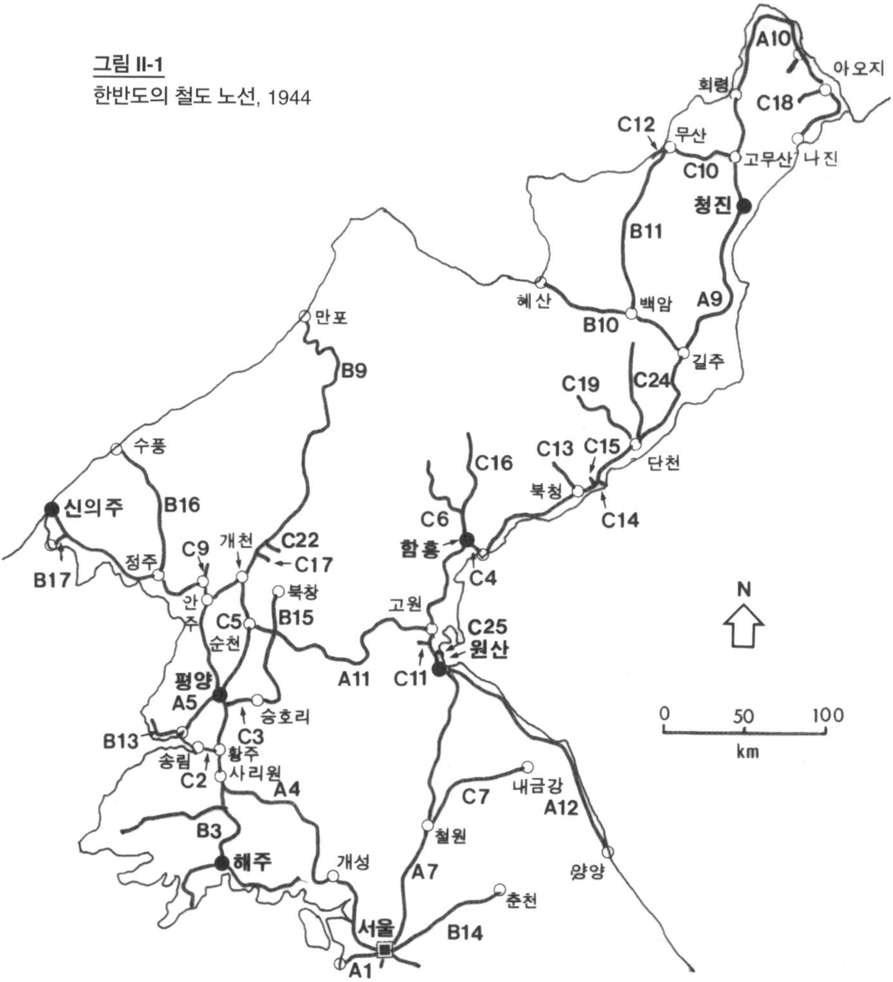

지도의 노선 번호는 ‹표 II-1, 2, 3, 4›에 제시된 철도 노선 번호와 일치함.

A: 국가 간선형 노선	A1: 경인선 A2: 경부선 A3: 마산선 A4: 경의선 A5: 평남선 A6: 호남선 A7: 경원선 A8: 군산선 A9: 함경선 A10: 도문선 A11: 평원선 A12: 동해북부선 A13: 동해남부선 A14: 중앙선 A15: 광주선 A16: 경남선 A17: 전라선
B: 지역경제 개발형 노선	B1: 전북철도 B2: 대구선 B3: 황해선 B4: 충북선 B5: 장항선 B6: 경북선 B7: 안성선 B8: 수려선 B9: 만포선 B10: 혜산선 B11: 백무선 B12: 수인선 B13: 조선평안철도 B14: 경춘선 B15: 서선중앙철도 B16: 평북철도 B17: 다사도선

그림 II-1

한반도의 철도 노선, 1944 (계속)

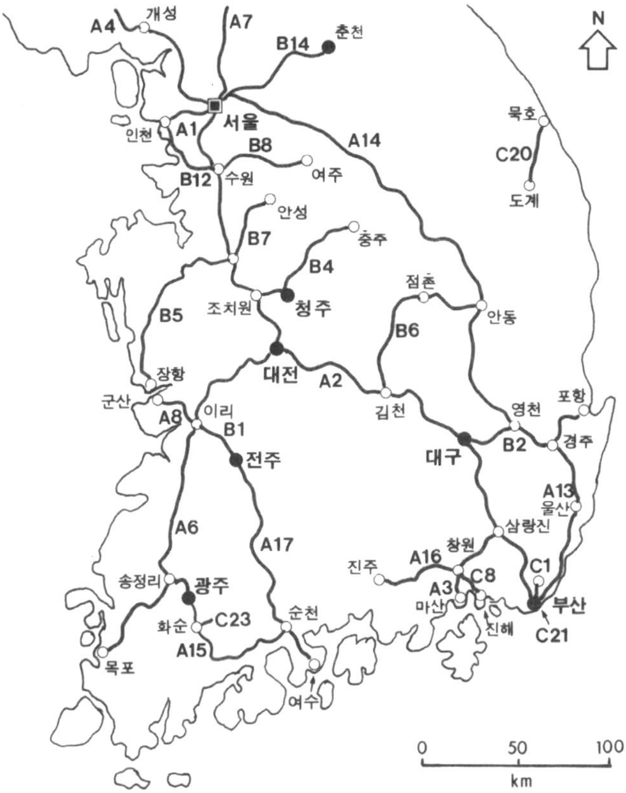

C: 산업철도 및 기타 노선 C1: 조선와사전기철도 C2: 겸이포선 C3: 평양탄광철도
C4: 함흥탄광철도 C5: 개천철도 C6: 함남선 C7: 금강산선
C8: 진해선 C9: 박천선 C10: 무산선 C11: 천내리철도
C12: 회령탄광선 C13: 북청선 C14: 차호선 C15: 이원철산선
C16: 신흥철도 C17: 용등선 C18: 조선석탄공업철도
C19: 단풍철도 C20: 삼척철도 C21:부산임항철도 C22:용문탄광선
C23: 전남광업철도 C24: 조선마그네사이트 C25: 조선무연탄

표 II-1
국가 간선형 노선

선명	노선 번호[1]	구간	길이(km)	최초개통 시기	전통(全通) 시기[2]	비고
경인선	A1	인천~영등포	31.0	1899. 9	1900. 7	사설 경인철도를 매수(1906)
경부선	A2	서울~부산	450.5	1905. 1	1908. 4	사설 경부철도를 매수(1906)
마산선 (경전선)	A3	마산포~삼랑진	40.1	1905. 5	1905. 5	국유철도
경의선	A4	용산~신의주	504.0	1906. 4	1906. 4	국유철도
평남선	A5	평양~ 진남포(남포)	55.1	1910. 10	1910. 10	국유철도
호남선	A6	대전~목포	261.1	1911. 7	1914. 1	국유철도
경원선	A7	용산~원산	223.7	1911. 10	1914. 9	국유철도
군산선	A8	이리(익산)~ 군산	24.7	1912. 3	1912. 3	국유철도
함경선	A9	원산~회령	617.6	1915. 8	1928. 9	국유철도
도문선	A10	회령~나진	238.2	1920. 1	1935. 11	회령~동관 구간(사철)의 매수(1929.4)후 확장. 남만주철도에 위탁운영
평원선	A11	서포~고원	212.6	1927. 11	1941. 4	국유철도
동해 북부선	A12	안변~양양	192.6	1929. 9	1937. 12	국유철도
동해 남부선	A13	부산진~포항	146.4	1934. 7	1935. 12	울산~포항 구간(사철)의 매수 후 확장(1928.7)

1 노선은 최초 개통시기에 따라 배열함. 노선 번호는 ‹그림 II-1› 참조.

2 전통(全通): 전구간 개통. 일반적으로 철도 노선은 전 구간이 한 번에 개통되는 일은 드물다. 특히 노선이 길수록 여러 구간으로 나누어 차례로 건설하게 되고, 공사를 마치는대로 해당 구간에서 영업을 시작하게 된다. 노선의 전 구간이 개통되는데 십여 년씩 걸리는 경우도 있었다.

1981) 호남선이 지나는 충청남도와 전라남북도의 양호한 기후, 많은 인구, 풍부한 농산물 등의 호조건을 노린 일본에게 철도 부설권을 빼앗겼고, 1914년 대전에서 목포에 이르는 전 구간이 완공되었다.

국가 간선형 노선은 공통적으로 중간에서 분기하여 주요 항구와 연결하는 지선(支線)을 가지고 있었다. 경부선의 삼랑진역과 마산항을 연결하는 마산선, 경의선의 평양과 진남포(지금의 남포)항을 연결하는 평남선, 호남선의 이리(지금의 익산)와 군산항을 연결하는 군산선이 이에 해당한다. 간선 철도의 종착지인 부산항, 목포항, 원산항, 신의주 등은 수출입 화물과 사람들이 드나들던 주요 관문이었다. 이런 핵심 관문에 사람과 물자가 너무 집중되는 것을 분산시킬 필요가 있었고, 간선 노선 중간의 주요 대도시 및 배후지를 위한 새로운 관문 항구와의 교통로 확보가 필요했다. 마산선은 러일전쟁 당시 부산항에 집중된 군대와 군수물자의 추가 수송로 확보가 필요했던 일본이 군용 철도로 부설하게 되었다. 평남선은 평양이라는 대도시의 관문으로, 군산선은 주요 도시인 이리와 전주 뿐만 아니라 전라북도 지역에서 생산되는 풍부한 농산물을 군산항을 통하여 반출하기 위한 목적으로 건설되었다. 시기적으로 가장 먼저 건설된 경인선 또한 경부선과 연결되면서 이와 비슷한 역할을 수행했다고 볼 수 있다.

사설철도인 도문선을 매수하고 이를 동해안의 웅기 및 나진항까지 확장하면서, 함경선은 러시아와 만주 접경지대까지 이르게 되고 만주철도 길돈선(길림-돈화)과 연결되었다. 이 노선의 완공은 청진, 나진, 웅기 등 이 지역 주요 항구와 결합하여 일본이 만주나 러시아로 진출할 수 있는 또 하나의 경로를 확보해주는 계기가 되었다.

영천에서 청량리를 잇는 경경선(京慶線, 지금의 중앙선)은 경부선을 대체할 수 있는 새로운 간선으로 건설되었다. 경부선에 집중된 물자의 수송을 보조하고, 경경선 연변(沿邊)의 지역 개발을 목적으로 하였으며, 전시에는 군수물자와 인력을 경부선에 비해 안전하게 수송하려는 군사적 목적도 가지고 있었다.

완공이 되지 못한 채 광복을 맞이하기는 했지만, 동해남부선과 동해북부선 또한 한반도의 동해안을 따라서 함경선과 함께 남북으로 길게 이어지는 간선이 될 수 있었다. 동해선은 본래 원산에서 동해안을 따라 부산까지 잇는 매우 긴 노선으로 구상되었다. 또한 동해선의 부설 사업에는 조선철도주식회사 소속의 협궤 경동선(慶東線: 대구~포항~학산, 지금의 대구선)을 매수하여 광궤로 개축한 다음 동해선에 연결시키는 공사도 포함되어 있었다. 동해안은 좋은 항구가 드물고 도로 교통도 불편하여 개발에서 뒤처져 있었다. 이런 점에서 동해선은 강원도와 경상남북도의 풍부한 해산물의 반출을 촉진하고, 연변의 석탄과 광산물, 임산물의 개발을 쉽게 하며, 낙후된 배후지역을 개척하는 데 안성맞춤이었다. 또한 함경선과 연락하여 동해안을 따른 종관선을 형성함으로써 남북의 연결은 물론 대륙으로 진출하는 동맥을 추가하는 데도 일조하려는 것이었다(철도청, 1999, «한국철도 100년사», pp.103-104). 동해선은 북부, 중부, 남부의 세 구간으로 나누어, 이 중 동해북부선 구간(안변~양양)은 1927년부터 측량이, 1928년에는 공사가 시작되어 1937년 12월 양양까지 192.6km를 개통하였으며, 동해남부선 구간(부산~울산)은 1930년 7월에 공사를 시작하여 5년여 뒤인 1935년 12월 완공되었다. 동해중부선 구간은 1940년부터 뒤늦게 공사가 시작되었으나 곧

중단되고 광복을 맞이하였다.

일제 강점기 후반에는 남-북 종관(縱貫) 형태의 노선뿐 아니라 동-서 연결망을 구축하는 데에도 노력을 기울였다. 평원선은 평안남도 서포와 함경남도 고원 사이에 놓여, 서해안의 진남포항과 평양 그리고 동해안의 원산항까지 연결을 가능하게 만들었다. 평원선은 노선 중간에 큰 도시를 거치지는 않지만 지하자원이 풍부하게 매장되어 있었으며, 북부 지방 동-서해안의 핵심 도시들을 직접 연결했다는 점에서 국가 간선형 노선으로 볼 수 있다.

한반도의 남쪽에도 이와 유사한 노선이 구상되고 있었다. 호남지방의 목포항과 광주, 그리고 영남지방의 부산항을 (삼랑진을 거쳐) 연결하는 경전선이 바로 그것이다. 이 노선은 기존에 이 지역에 건설되어 있던 사설철도를 매수하여 확장시켜 나가는 형태로 건설되었으며, 부산, 마산, 여수, 목포 등 남해안의 주요 항구들을 연결할 계획이었다. 광복 전까지 진주와 순천 구간을 마저 연결하지는 못하였지만, 남해안 지역을 횡단하는 노선으로 그리고 남부 지역의 주요 농산물 반출을 위해 여러 항구와의 연결에 중점을 둔 노선으로 중요성이 컸다.

간선형 노선들은 그 형태가 대체로 남-북 종관형이라는 점과 아울러, (그 이름이 시사하듯) 대부분 그 길이가 수백 km에 달하여 한반도의 여러 지역을 거치도록 설계된 것이 그 특징이다. 일부 연결선 및 연안 개항장과 연결되는 지선들만 길이가 짧다.

표 II-2

개통 후 간선의 성격을 띠게 된 노선

선명	노선 번호[1]	구간	길이(km)	최초개통 시기	전통(全通) 시기[2]	비고
광주선[2] (경전서부선)	A15	송정리~순천	134.6	1922. 7	1930. 12	조선철도 전남선을 국가 매수(1936.3)
경남선[3] (경전남부선)	A16	삼랑진~진주	110.1	1923. 12	1925. 6	마산~진주 구간(조선철도 경남선)의 국가 매수 (1931.4)
전라선[4] (경전북부선)	A17	이리~여수항	198.8	1930. 10	1936. 12	사철(전북철도) → 국가 매수 후 확장(1927.10)

1 노선은 최초 개통시기에 따라 배열함. 노선번호는 ‹그림 II-1› 참조.

2 광주선: 1927년까지는 조선철도 전남선(송정리~광주~담양)으로 불렸음.

3 경전선: 국유철도 마산선(삼랑진~마산)과 사설철도인 조선철도 경남선을 합쳐 경전남부선이라 하였다. 본고에서는 경전선으로 적는다.

4 전라선: 전북철도(이리~전주)가 1927년 국유철도에 편입된 이후 여수항까지 확장되었고 전라선이라 고쳐 부르게 되었다.

2) 지역경제 개발형 철도 노선

간선 철도가 놓이고 지역에 미치는 영향이 확대되면서, 간선에서 멀리 떨어져 이러한 혜택을 받지 못한 내륙에서도 철도 부설을 위한 노력이 전개되었다. 3.1운동 이후 조선총독부는 지역개발을 위한 철도 건설이 절실하였지만, 총독부의 재정 상태로는 직접 여러 지역 철도를 부설한다는 것은 무리였다. 한편 제1차 세계대전이 끝나면서 급격히 성장한 일본의 자본은 새로운 투자처를 찾고 있었으며 한국의 철도가 투자 대상의 하나였다. 당시 조선총독부의 사정, 일본 자본가들의 이해, 각 지역의 철도개발 요구가 맞물리면서 조선총독부가 노선을 선정하고 자본가들이 이에 투자하는 방식으로 각 지역에 잇따라 철도가 부설되었다. 이런 노선들은 주로 항구나 내륙의 주요 도시를 기점으로 간선 철도망과 연결되는 방식을 취하였다.

이들 노선은 군사적인 목적보다 지역 교통 상황의 개선, 간선 철도망과의 연계 강화, 지역 개발을 목적하였고, 농산물과 일용품 및 여객의 수송에 중점을 두고 있었다. 지역 내에서는 주요 간선의 역할을 맡으면서 연선 주변의 도시화 및 공업화를 촉진시켰으며, 나아가 지역의 중심지 체계에 변화를 불러오기도 하였다. 비록 내륙 및 오지의 개발이라는 명목으로 부설되었지만, 일본의 한반도의 경제 및 식량 기지화 정책과 맞물려 지역 곳곳을 수탈하는 수단이 되기도 하였다. 나중 이 노선들은 전국적인 철도망을 구축하려는 정책에 의해 국가에 매수된 후, 노선이 개량 및 확장되어 국가의 간선으로 그 역할이 바뀌기도 하였다.

초기의 지역경제 개발형 노선으로는 호남선의 이리에서 분기하여 전라북도 전주를 잇는 전북철도를 들 수 있다. 비록 노선은 길지 않았지만, 노선 주변에 호남평야라는 곡창지대가 있었으며, 전라북도의 중심도시인 전주를 연결하고 있었기 때문에 여객 및 화물로 상당한 수입을 거둘 수 있었다. 후에 이 노선은 국가에 매수되어 경전북부선(지금의 전라선)으로 확장되었다. 경상북도에서도 대구를 중심으로 내륙지방의 경제적 주도권을 확보하고 포항이나 울산 등 주요 항구까지 교통망을 연결하고자 하는 노력은 대구와 포항 그리고 이 노선에서 분기하여 울산을 연결하는 경동선(慶東線, 또는 대구선)의 부설로 이어진다. 경동선 또한 후에 국가에 매수되고 울산~부산 사이가 연결되면서, 대구~포항 구간은 대구선, 서악~경주~울산 구간은 울산~부산

표 II-3

지역경제 개발형 노선

선명	노선 번호[1)]	구간	길이(km)	최초 개통 시기	전통(全通) 시기[2)]	비고
전북철도	B1	전주~이리	*24.9	1914. 11	1914. 11	사설철도 → 국가 매수 (1927.10)
대구선 (경동선)	B2	대구~학산	*104.6	1917. 11	1919. 6	사설철도 → 국가 매수 (1928.7)
		경주~울산	*43.2	1918. 10	1921. 10	사설철도 → 국가 매수 (1928.7)
황해선	B3	상해~해주 (해주선)	69.1	1919. 5	1933. 7	사설철도 → 국가 매수 (1944.4)
		사리원~장연 (장연선)	81.9	1920. 12	1937. 1	
		토성~해주 (배천선)	81.7	1931. 12	1933. 7	
		해주~옹진 (옹진선)	40.4	1936. 8	1937. 5	
충북선	B4	조치원~충주	94.0	1921. 11	1928. 12	사설철도
장항선	B5	천안~장항	144.2	1922. 6	1930. 11	사설철도
경북선	B6	김천~안동	118.1	1924. 10	1931. 10	사설철도 → 국가 매수 후 일부구간 폐지 (1940.3)
안성선	B7	천안~장호원	69.8	1925. 11	1927. 9	사설철도 → 일부구간 폐지
수려선	B8	수원~여주	73.4	1930. 12	1931. 12	사설철도
만포선	B9	순천~만포	299.9	1932. 11	1939. 2	국유철도
혜산선	B10	길주~혜산진	141.7	1932. 12	1937. 11	국유철도
백무선	B11	백암~무산	191.6	1934. 9	1944. 12	국유철도
수인선	B12	수원~인천항	52.0	1937. 8	1937. 8	사설철도
조선 평안철도	B13	진남포 ~ 용강온천	34.7	1938. 7	1938. 7	사설철도
경춘선	B14	성동~춘천	93.5	1939. 7	1939. 7	사설철도
서선 중앙철도	B15	승호리~북창	108.9	1939. 7	1941. 10	사설철도 → 일부구간 매수(1944.4)

평북철도	B16	정주~수풍동	128.2	1939. 10	1940. 10	사설철도
다사도선	B17	신의주~다사도	37.6	1939. 11	1939. 11	사설철도 → 일부구간 매수(1944.4)
		남시~양시	18.0	1940. 8	1940. 8	

1 노선은 최초 개통시기에 따라 배열함. 노선번호는 ‹그림 II-1› 참조.

* 원 자료에서 전주~이리 간 15.5, 대구~학산 간 65.1 경주~울산 간 27마일로 기재된 것을 km로 환산.

의 동해남부선에 합쳐진다. 이 두 노선은 개통 당시에는 지역 노선으로 시작하였다가 국가에 매수된 다음에는 간선의 기능을 맡게 된 사례이다.

지역경제 개발형 노선은 사설철도의 건설이 활발하게 이루어지던 1920년대 전반과 1930년대 중후반에 집중적으로 개통을 보았다. 경의선이 지나는 사리원 및 토성과 황해도의 주요 도시인 재령, 장연, 해주, 옹진을 잇는 황해선은 연백평야와 재령평야에서 생산되는 풍부한 농산물을 수송하는 데에 중요한 역할을 하였으며, 해주를 서해안의 주요 항구로 발전시키는 데에도 한몫을 하였다. 신의주와 다사도, 양시와 남시를 잇는 다사도선과 승호리와 북창을 잇는 노선(서선중앙철도) 또한 경의선에서 분기하여 각 지역을 연결하는 역할을 하였다. 특히 다사도선은 남시와 신의주에서 동시에 경의선에 접속하여 경의선의 보조 선로로서의 역할을 수행하였고, 다사도항의 발전에도 기여하였다. 정주와 수풍 일대를 연결하는 평북철도와 국유철도로 건설된 만포선은 일대의 농산물과 지하자원 및 삼림자원을 개발하고 수송하는 역할 뿐만 아니라 각 노선의 종점인 만포와 청수에서 중국 만주의 철도망에 연결되어 국제 수송로로서도 기능하였다.

수원에서 각각 여주와 인천을 잇는 수려선과 수인선, 천안에서 각각 장호원과 장항을 잇는 안성선과 장항선은 경부선을 가로지르는 노선이었다. 남부 경기도와 충청남도의 평야지대에서 생산되는 풍부한 농산물이 이 노선들을 통해서 수송되었으며, 집산지 역할을 한 수원과 천안은 상당한 도시 성장을 이루었다(견수찬, 2002). 경부선 김천에서 분기(分岐)한 경북선은 조선시대부터 전통적 중심지였음에도 불구하고 상대적으로 교통이 불편했던 상주와 안동을 연결하여, 이 지역 교통 개선에 상당히 기여하였고, 나중에는 문경 일대의 석탄 등 지하자원을 개발하는 데에도 도움을 주었다. 또한 분기점 김천은 일대 농산물의 집산지로서 성장하였다(허우긍, 도도로키 히로시, 2007).

경부선의 노선이 대륙진출을 위해 최대한 짧은 노선으로 선정되면서 철도의 연결에서 배제되었던 충청북도 또한 충북선의 건설을 통해서 새 교통수단의 혜택을 누리게 된다. 조치원에서 청주를 거쳐 충주에 이르는 충북선은 충청북도의 주요 도시인 청주와 충주를 하나의 도시체계 안에 통합하는 결과를 낳았다(김양식, 2005).

지역경제 개발형 노선의 건설이 반드시 사설 철도회사에 의해서만 이루어진 것은 아니다. 만포선의 사례와 마찬가지로 조선총독부에서 길주와 혜산을 잇는 혜산선과 백암과 무산을 잇는 백무선을 건설하였다. 함경도 고산지대의 임산물과 지하자원의 개발, 국경수비 강화, 오지의 교통로 확보 등 다목적으로 건설된 철도였다.

하지만, 제2차 세계대전이 진행되면서 전쟁수행에 영향이 적은 일부 노선을 철거하여 전쟁물자로 활용하고자 전시공출명령이 내려졌고, 안성선의 안성~장호원 구간과 경북선의 점촌~안동 구간이 철거되기에 이른다.

지역경제 개발형 노선은 다사도선의 남시~양시 구간처럼 20km도 못되는 짧은 노선이 있는가 하면, 백무선(191.6km), 혜산선(141.7km)처럼 꽤 긴 노선도 여럿 있으며, 궤폭(軌幅)도 표준궤와 협궤가 섞여 있는 것이 형태상으로 본 특징이다. 부설 시기와 지역, 건설 주체 등에 따라 의사 결정이 달랐기 때문이다.

3) 산업철도 및 기타 노선

일본의 자본주의 발달과 전쟁의 확대로 말미암아 군수 산업을 비롯한 주요 산업에 필요한 원료를 원활하게 공급하는 것이 중요해졌고, 한반도는 중요한 원료 공급지로 인식되었다. 특히 북부 지방과 동해안을 따라 풍부하게 매장되어 있던 철광석, 석탄, 마그네사이트 등 각종 지하자원과 목재는 일본 자본가들에게 상당히 매력적으로 느껴졌고, 자원 산지로부터 주요 도시 및 항구까지 수송로를 확보하기 위해 산업철도 건설에 박차를 가하게 된다. 당시 건설된 상당수의 산업철도가 사설철도이기는 하지만, 노선 연변에 주요 항구와 자원 산지가 분포해 있는 함경선의 경우에는 국가에서 직접 지선을 건설하여 자원의 수송로를 확보하기도 하였다.

산업철도의 시초는 경의선의 대동강과 평안남도 강동군 승호리를 연결한 평양탄광선이다. 일대에 풍부하게 매장된 철과 무연탄을 개발하기 위해 조선총독부 농상공부에서 전용 철도로 건설하게 된 것이다. 이 지역의 무연탄은 진남포항을 통해서 반출되거나 겸이포(송림)에 건설된 제철소의 주요 원료로 이용되었다. 겸이포와 경의선의 황주를 잇는 겸이포선은 경의선 철도 부설 당시에는 군용 철도로 만들어진 것이었으나, 이후 제철소가 건설되면서 평양탄광철도와 함께 제철소 원료를 수송하는 중요한 노선으로 역할이 바뀌었다.

이 후에도 자원 산지와 인접 항구 및 주요 간선 철도망에 연결하는 산업철도가 속속 건설되었다. 경의선에 연결된 산업철도로는 금광개발을 위해서 건설된 박천선과 신안주에서 천동을 연결하는 개천선이 있으며, 철광석 수송을 위한 용등선과 무연탄 수송을 위한 용문탄광선이 만포선과 연결되었다.

한반도의 동북 지역을 지나는 함경선과 도문선 일대에는 지하자원과 삼림자원이 풍부하였기 때문에 이 노선들에서 분기하는 산업철도가 특히 많이 건설되었으며, 일대의 항만은 각종 자원을 모아 반출하는 항만 도시나 자원과 풍부한 수력전기를 활용한 중화학공업 도시로 발달하였다. 웅기, 나진, 청진, 성진, 차호, 흥남, 원산 등이 그 사례이다. 철광석을 수송하는 역할을 맡았던 무산선과 북청선, 차호선, 이원철산선, 마그네사이트를 수송한 단풍철도, 천내리 일대의 공업지대에서 생산된 시멘트와 무연탄을 수송한 천내리선 등이 이 지역을 지원한 주요 산업철도들이다.

남부 지방에서는 강원도 동해안의 묵호와 도계를 연결하는 삼척철도, 전라남도의 화순과 복암을 연결하는 화순선 정도를 산업철도로 꼽을 수 있다. 이렇듯 북한지역에 집중적으로 건설된 산업 철도망은 한반도의 자원 분포 특징을 반영한 것이라 할 수 있다. 산업철도들은 대체로 길이가 짧아 10km도 채 안되는 노선(차호선 등)도 있었고, 50km 미만이 대부분이었다. 단풍선(80.3km)은 오히려 예외에 속하였다.

표 II-4
산업철도 및 기타 노선

선명	노선 번호[1]	구간	길이(km)	최초 개통 시기	전통(全通) 시기[2]	비고
조선와사 전기철도	C1	부산진~ 동래온천	9.5	1909. 12	1909. 12	사설철도
겸이포선	C2	황주~ 겸이포(송림)	14.4	1905. 11	1905. 11	국유철도
평양 탄광철도	C3	대동강~ 승호리	23.3	1911. 9	1918. 9	국유철도
함흥 탄광철도	C4	함흥~서호진	*16.0	1915. 12	1916. 12	사설철도 → 함경선 개통으로 폐지
		함흥~장풍리	*25.1	1917. 10	1918. 2	인력철도 → 함남선 개통으로 폐지
개천철도	C5	신안주~천동	36.9	1916. 5	1918. 12	사설철도 → 국가 매수 (1933.4)
함남선	C6	함흥~상통	28.2	1923. 8	1923. 8	사설철도 → 신흥철도에 양도(1928.5)
		풍상~송흥	28.4	1926. 10	1926. 10	
금강산선	C7	철원~내금강	116.6	1924. 8	1931. 7	사설철도 → 일부구간 폐지
진해선	C8	창원~진해	20.6	1926. 11	1926. 11	사설철도
박천선	C9	맹중리~박천	9.3	1926. 12	1926. 12	사설철도
무산선	C10	고무산~무산	60.4	1927. 8	1929. 11	사설철도 → 국가 매수 (1944.4)
천내리철도	C11	용담~천내리	4.4	1927. 11	1927. 11	사설철도 → 국가에서 차용
회령탄광선	C12	회령~계림	11.7	1928. 8	1928. 8	국유철도
북청선	C13	신북청~북청	9.4	1929. 9	1929. 9	국유철도
차호선	C14	증산~차호	4.9	1929. 9	1929. 9	국유철도
이원철산선	C15	나흥~ 이원 철산	3.0	1929. 9	1929. 9	국유철도
신흥철도	C16	신흥~ 부전호반	50.6	1930. 2	1933. 9	사설철도
		서함흥~ 서호리	18.3	1933. 5	1936. 12	사설철도
		상통~사수	46.4	1934. 9	1934. 11	사설철도

용등선	C17	구장~용등	7.4	1934. 4	1934. 4	국유철도
조선석탄 공업철도	C18	아오지~ 오봉동	10.4	1938. 9	1942.9	사설철도
단풍철도	C19	단천~홍군리	80.3	1939. 9	1939. 9	사설철도
삼척철도	C20	묵호~도계	41.4	1940. 8	1940. 8	사설철도
부산 임항철도	C21	부산진~ 감만리	5.5	1941. 2	1941. 2	사설철도 → 국가 매수 (1944.5)
용문탄광선	C22	어룡~ 용문탄광	7.1	1941. 9	1941. 9	국유철도
전남 광업철도	C23	화순~복암리	11.8	1942. 10	1942. 10	사설철도 → 국가에서 차용
조선마그네 사이트	C24	여해진~ 용양리	59.7	1943. 4	1943. 12	사설철도
조선무연탄	C25	문천~원산 북항	10.3	1943. 12	1943. 12	사설철도

1 노선은 최초 개통시기에 따라 배열함. 노선번호는 ‹그림 II-1› 참조.

* 선교회 조선교통사에 함흥~서호진간 10마일, 함흥~장풍리간 15.6마일로 기재된 것을 km로 환산.

순수하게 군사적인 목적으로 건설된 노선으로는 진해항의 해군기지와 경전선을 연결하려는 진해선이 있으며, 도시 간 연락 철도로 부산진~동래(온천장)간 철도도 있다. 금강산 관광을 목적으로 건설된 금강산선은 당시로서는 드물게 전기를 동력으로 쓰고 있었다. 금강산선을 건설했던 회사는 금강산 일대에 유역변경식 발전소를 운영하고 있었으며 이에 대한 부대사업으로 금강산선을 건설 운영하였다. 관광객들에게 상당한 인기를 끌었던 이 노선은 제2차 세계대전이 지속되면서 창도~내금강 구간이 철거되는 운명을 맞는다.

2. 철도망의 확장 과정

한 나라의 철도망이란 하루아침에 완성되는 것은 아니다. 처음에는 일부 지역에서 (아마도 핵심지역에서) 짧은 노선이 먼저 놓인 다음, 오랜 기간에 걸쳐 차츰 그 망(網, network)을 확장해 나가는 것이 일반적이다. 또 처음부터 국가 철도망 전체에 대한 마스터플랜이 세워지기 보다는, 또 설령 마스터플랜이 세워졌다 하더라도, 시간이 흐르면서 그때마다의 상황과 교통 수요에 맞추어 철도망 확충계획이 만들어지거나 수정되어 나가기 마련이다.

일제 강점기의 한반도 철도망 성장과정도 예외는 아니었다. 강점기에 동부 아시아의 정세는 일본의 지배 아래 구축되어 나가는 한국의 철도망에도 영향을 주게 되었다. 당시 철도는 효율성이 뛰어나고 대규모 수송이 가능한 수단으로 경제적 목적뿐만 아니라 군사적으로도 중요성을 띠고 있었다. 이에 따라, 시기에 따라 노선의 선정이나 건설 목적이 서로 다르게 나타나게 된다. 이런 연유로, 강점기의 철도사를 조감하는 문헌에서는 한국의 철도망 구축과정을 몇 개의 시기로 구분하여 정리하고 있다. 일본측 한 문헌(鮮交會, 1986)에서는 당시 한국의 철도를 운영하고 관장하는 주체의 변화에 따라서, 1899년부터 한일합방이 이루어지기 전인 1910년까지를 창업시대(創業時代), 조선총독부내에 철도관리국을 설치하고 한국의 철도망을 관리하던 1917년까지를 제1차 직영시대(直營時代), 한국과 만주의 일원적 지배를 위해서 한국의 철도를 남만주철도주식회사에 위탁 경영하였던 1925년까지를 만철위탁시대(滿鐵委託時代), 그리고 위탁경영의 비효율성과 한국에서 철도건설의 부진 때문에 조선총독부가 다시 철도 운영권을 회수한 1925년 이후를 제2차 직영시대로 구분하고 있다.

한국 측 문헌에서 보이는 시대 구분도 일본식 시기 구분과 크게 다르지는 않다. 정재정(2005)은 광복 이전의 철도망 확장 과정을 다섯 시기로 나누었다. 일본이 러시아 세력을 물리치고 한반도에서 독점적인 지위를 확보하기 위해 경부선과 경의선을 건설한 제1기(1899~1906), 한반도에서 식민지배 기반을 구축하기 위해 한국통감부에 철도관리국을 설치하고 호남선과 경원선을 놓은 제2기(1906~1917), 한반도 철도의 운영을 남만주철도주식회사에 위탁한 제3기(1917~1925), 철도망이 대대적으로 확장되어 도문선, 혜산선, 만포선 등이 놓이고 일본 인구의 한반도 배출과 수출 증대를 도모한 제4기(1925~1937), 그리고 중일전쟁(1937)의 확대로 철도에 군사적 기능이 더욱 강조되고 경경선(지금의 중앙선) 등이 건설된 제5기(1937~1945)가 그것이다.

일본 선교회는 네 시기로, 한국 측 문헌은 다섯 시기로 구분하였기 때문에 얼핏 크게 달라 보이지만, 후자에서 1925~1945년을 두 시기로 더 세분하였다는 점 말고는 큰 차이를 찾아보기 어렵다. 두 시기 구분은 공통적으로 한반도 철도의 건설과 관리 주체가 달라지는 시점을 중요한 구분 기준으로 설정하고 있다. 또한 후자의 구분에서는 중요한 전쟁의 발발시기를 또 하나의 구분시점으로 설정하고 있는 것이다.

전반적인 철도 정책, 노선의 세부적인 선정, 철도 부설과 면허 발급 등을 관장하는 철도 운영주체의 변화는 한반도 공간상에 구현되는 철도망의 변화를 가져올 수 있다. 이런 이유로 운영 주체의 변화에 따라 시기 구분을 한 앞의 방식은 매우 타당하다. 하지만 철도의 건설은 대규모의 토목공사를 필요로 하는 것이며 상당한 시간과 자본을 요구한다. 철도 부설 면허가 발급되었더라도 자본을 마련하지 못해 착공도 하지 못한 채 면허가 취소되는 경우도 적지 않았으며, 비록 허가를 받았더라도 상당한 시일이 지난 후에야 착공한 경우도 있었다. 한 번에 완공이 불가능한 장대(長大)노선들은 일부 구간씩 순차적으로 개통하기 마련이었다. 정책의 결정과 공간상의 구현 사이에는 어느 정도의 시차가 존재하는 것이다.

이런 점을 고려하여, 본 연구에서는 한반도 철도 노선의 유형과 각 노선이 처음 개통된 시점 및 전 노선이 개통된 시점을 조합하여 한반도 철도망의 확장 과정을 설명할 수 있는 단계를 구분하고, 각 단계의 특징을 파악하고자 한다. 이처럼 한반도 철도망의 발달 시기 구분을 새롭게 시도하는 것은, 선행 연구의 성과에 도전하거나 불필요한 논쟁을 일으키려는 것은 아니며, 본고에서의 편의상 단순히 공간상에서 전개되는 철도망의 발달과정을 단계적으로 설명하고자 함에 있다. 물론 철도 운영 주체들의 정책적 판단, 전쟁의 발발시기 등은 이런 발달 과정을 낳게 한 주요 배경으로서 다루어 질 것이다.

한반도 철도망이 형성되어가는 제1기는 경인선이 착공되고 개통되었던 1890년대 후반부터 1910년대 중반까지로 볼 수 있다. 약 20년의 짧은 기간 동안 한국은 을사늑약(乙巳勒約)과 한일합방까지 여러가지 참혹한 일을 겪었으며, 조금씩 침략의 손을 뻗치던 일본이 청과 러시아 등 주변 열강을 몰아내고 한반도를 완전히 장악한 시기이다. 이 시기에 개통된 주요 철도로는 경인선, 경부선, 경의선, 호남선, 경원선 등이 있고 각 노선의 지선으로 마산선, 겸이포선, 평남선, 군산선 등이 있다. 또한 산업철도로서 평양탄광철도와 함흥탄광철도가 일부 개통되어 운행되었고 사설철도로는 부산진과 동래온천장, 이리(익산)와 전주 사이에 철도가 운행을 시작하였다. 한반도의 X자형 종관선의 틀이 완성된 단계이며, 일부 소규모의 산업철도나 사설철도를 제외하면 간선만 존재하던 시기였다. 한반도를 지배하고 대륙으로 진출을 도모하던 일본은 한국 정부를 비롯해서 미국이나 프랑스가 가지고 있었던 철도부설권을 교묘한 술책을 쓰거나 강제로 넘겨받아 간선의 구축에 힘쓰던 시기였다. 당시 한국은 스스로의 힘으로 철도를 부설하기 위해 갖은 노력을 다하였으나, 자본이 부족하였던 데다 을사늑약 및 한일합방으로 그 노력은 물거품이 되고 말았다. 일본의 식민지 지배와 대륙 진출 정책에 부합하는 노선이 선정되면서, 특정 지역의 성장과 쇠퇴를 가져오는 등 기존 한반도의 공간구조를 변화시키는 계기가 된다.

제2기는 1910년대 중반부터 1920년대 말까지 약 15년간으로 사설철도와 산업철도의 건설이 본격화된 시기이다. 제1차 세계대전 이후 급격히 성장한 일본의 자본이 본격적으로 한반도에 투입된 시기로, 철도 부문에서는 지역경제 개발형 사설철도나 산업철도의 투자로 나타났다. 이 단계 전반기에 부분 개통하기 시작한 함경선은 1920년대 말에 원산과 회령 사이에 전 노선을 개통하게 되고 기존의 X자형 간선 노선과 연결되어 한반도의 동북부와 만주 및 러시아를 연결하는 새로운 간선으로서 역할을 수행하게 되었다.

함경선을 제외하면 대부분의 제2기 노선은 지역경제를 활성화하려는 사설철도이거나 산업철도였다. 경상도 지방의 경동선

(대구선), 경남선(마산~진주), 경북선, 전라도 지역의 광주선, 충청도 지역의 장항선과 충북선, 경기도의 안성선과 수려선이 대표적인 지역경제 개발형 사설철도이다. 3.1운동 이후 조선총독부가 이른바 문화통치로 선회하면서, 각 지역의 산업개발을 장려하는 한편 산미증식계획의 일환으로 쌀을 비롯한 농산물의 수탈을 강화하던 시기와 맞물려, 이러한 지방 노선들의 건설이 이루어지게 된 것이다. 이 시기에 북부 지방에서는 산업철도의 건설이 활발하게 이루어졌다. 경의선과 연결된 개천철도와 박천선, 함경선과 연결된 함남선, 무산선, 천내리철도, 회령탄광선, 북청선, 이원철산선, 차호선 등이 그 사례이다.

제3기는 1930년대로 1920년대 후반 조선총독부의 핵심적인 산업정책이었던 '조선철도 12년 계획(1927~1938)'의 결과가 한반도 공간에 나타나는 시기이다. 조선철도 12년 계획은 1927년부터 12년에 걸쳐 도문선, 혜산선, 만포선, 동해선, 경전선 등 5개 노선을 새로 건설하고 인접 사설철도도 매수하여 개량하는 것이 골자였다(철도청, 1999). 국가에 매수되는 사설철도는 모두 국유철도 기설선 및 신설선과 관련이 있는 노선이었다. 경전선과 관련 있는 경남선, 전남선 및 전북철도(이리~전주), 동해선과 경부선을 연결하는 경동선, 그리고 도문철도선이 국유철도 신설선인 도문선과 이어지는 노선으로 매수 대상에 포함되었다. 이 가운데 경동선, 전북철도선, 도문철도선은 협궤였기 때문에, 국가에 매수된 후 국유철도선과 동일하게 표준궤로 개축할 계획이었다.

조선철도 12년 계획이 수립되기 이전에 우리나라의 철도는 남만주철도주식회사에 위탁 경영되고 있었다. 3.1운동 이후 일본은 문화정책과 산업개발정책을 통해서 한국인의 고조된 불만을 무마하려 하였고, 철도망의 확충과 정비는 시급한 과제의 하나였다. 결국 1925년 우리나라의 철도는 조선총독부의 직영으로 환원되고 조선총독부는 대대적인 철도망의 확장 사업에 착수하였다. 바로 조선철도 12년 계획의 실행에 들어가게 된 것이다. 조선총독부, 일본 정부, 조선의 상공업자들이 조선철도 12년 계획의 주요 추진세력으로서 역할을 하였으며, 노선의 선정에 이들의 이해관계가 그대로 반영되었다(김경림, 1988). 12년 계획 노선의 특징을 살펴보면, 전체적으로는 북한지역의 개발을 위한 함경선을 비롯하여 도문선, 혜산선, 만포선이 한 축이 되고, 중·남부 지방의 개발을 위한 평원선, 동해선, 경전선이 다른 축이 된다. 북부 지방의 노선들은 군사적으로 중요할 뿐만 아니라 경제적 효과도 뛰어날 것으로 예상되었으며, 남부 지방의 노선들은 경제적 가치를 주로 고려하였다(전성현, 2009).

당시에는 대공황으로 인해 전 세계에 종주국과 식민지간의 경제블록들이 형성되고 있었다. 일본 역시 한국과 만주를 엮는 경제권 구축이 절실하게 되었다. 조선총독부에서 직접 나서서 국가의 간선망을 정비하려던 한 배경에는 만주와 일체화된 한반도의 경제기지화 정책이 있다. 특히 만주사변과 중일전쟁의 발발로 전개된 한반도의 군수공업 기지화 정책은 자원이 풍부한 북부 지방에 만포선, 혜산선, 백무선 등의 국유철도 노선과 더불어 신흥철도, 용등선, 단풍철도 등 산업철도가 건설되는 계기가 되었다.

제4기는 1940년대로 제2차 세계대전이 전개되면서 철도의 이용이 군사적 목적에 집중되던 시기였다. 군사적 수송에 중요한 간선인 경부선과 경의선이 복선화되었고 소규모의 산업철도만이 부설되었다. 또한 1930년대부터 건설이 이루어졌던 경경선이 완공되었다. 전쟁물자의 공출이 이루어지면서 전쟁수행에 당장 필요가 없는 금강산선, 안성선, 경북선의 일부 노선이 폐지되었다.

전 기간을 종합하면, 제1기에는 국가 간선행 철도가, 제2기는 지역경제 개발형 철도와 산업철도의 건설이 주를 이루었던 것으로 볼 수 있다. 특히 이 시기에는 사설철도 회사의 투자가 활발하게 이루어졌다. 반면 제3기는 지역경제 개발형 철도와 산업철도 뿐 아니라 국가 간선 철도의 건설이 다시 시작된 때이다. 국유 철도에서 사설철도를 매수하고, 간선망을 신설하거나 확장하는 데 주력한 것이 특징이다. 제4기는 철도 노선의 신설이나 연장이 거의 멈춘 시기로 특징지을 수 있다. 특히, 그동안 북부 지방에만 건설되었던 산업철도가 남부 지방의 일부 자원산지를 중심으로 소규모로 건설되었다.

3. 숫자로 본 철도망의 확장

강점기동안 한반도에서 철도 노선의 성장 추세는 괄목할 만 하였다. 한반도의 철도망 길이는 1910년에 1천km를 갓 넘은 수준(1,095.4km)이었던 것이 광복 직전인 1944년 말에 이르면 여섯 배인 6천여 km에 이르게 된다.

그림 II-2
국유철도와 사설철도의 길이, 1910~1944

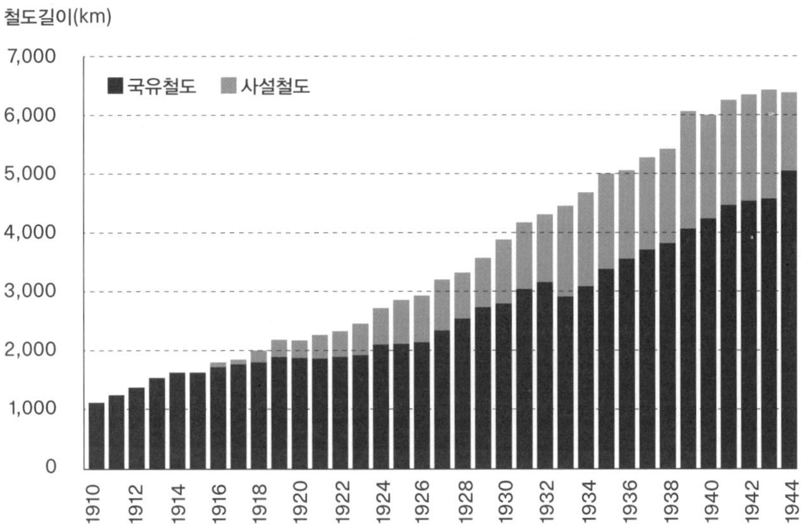

1910년에서 광복 전해인 1944년까지 10년 단위로 노선의 증가 추이를 좀 더 자세히 살펴보면, 1910년대보다 1920년대

에, 1920년대보다는 1930년대에 철도가 더 많이 부설되었으며, 1940년대에는 철도 노선의 연장과 신설이 주춤하였다. 심지어 1943~1944년에는 약 47km의 노선이 폐선되는 일까지 일어났다. 이는 일본이 전쟁의 수렁으로 깊이 빠지면서, 한반도에서 화급하지 않은 노선은 그 신설이나 노선 연장을 미루었고, 일부 노선(안성선, 경북선의 일부 구간, 창도~내금강 구간 등)의 경우에는 궤도 쇠붙이와 침목 등을 군수용으로 거두어가 버렸기 때문이었다.

국유철도는 사설철도보다 노선이 훨씬 더 많이 늘어났다. 특히 1930년에는 늘어난 길이가 무려 1,500여 km에 이르렀다. 그러나 표에서 제시한 이러한 수치는 이 기간 동안 순수하게 새로 증설된 노선들의 길이를 뜻하는 것은 아니다. 1920년대부터는 사설철도를 국유화하는 일이 끊임없이 진행되었기 때문에, 사설철도의 운영주체가 국가로 바뀌면서 통계상으로 국유철도의 길이가 늘어난 것도 상당 부분에 이름을 유의할 필요가 있다. 1920년대에는 268.7km, 1930년대에도 이와 비슷하게 266.9km가 국유철도로 전환되었으며, 1940년대에 이르면 불과 4년 사이에 564.8km나 국가가 매수하기에 이른다. 1940년대 전반기에 사설철도의 길이가 380여 km나 줄어든 것은 폐선되었기 때문이 아니라 이처럼 국유로 전환한 데에서 비롯한 것이다.

이런 면에서 강점기의 철도 역사에서 민간 철도회사의 역할은 매우 중요하였다고 평가해도 무방할 듯하다. 주지하다시피, 가장 먼저 놓인 경인선이 민간회사에 의해 건설되었으며, 심지어 경부선도 일단 사설철도로 시작되었다가 나중에 국유철도로 바뀌었다. 민간이 부설한 노선 가운데 총독부가 필요하다고 판단되는 것을 국유화하는 일은 강점기 내내 일어났던 일이다(부록 표 1 참조). 건설된 다음 국유철도에 매수된 부분까지 다 합치면 민간자본에 의해 건설된 노선의 길이는 강점기의 철도망 전체의 약 39%(2,468.8km)에 이르는 것이다. 그동안 우리의 관심사가 주로 국유철도, 그것도 간선에 치우쳤었던 점에 비추어, 앞으로는 사설철도에 대한 연구가 더 이루어져야 함을 시사한다.

표 II-5

철도 노선의 증가, 1910~1944 (단위: km)

연도	합계		국유철도			사설철도	
	노선 합계	10년간 증감	노선 연장	10년간 증감	(사설철도의 국유화)	노선 연장	10년간 증감
1910	1,095.4		1,086.1			9.3	
		1,072.8		776.6	(-)		296.2
1920	2,168.2		1,862.7			305.5	
		1,696.7		929.8	(268.7)		766.9
1930	3,864.9		2,792.5			1,072.4	
		2,177.6		1,500.8	(266.9)		676.8
1940	6,042.5		4,293.3			1,749.2	
		331.3		712.1	(564.8)		-380.8
1944	6,373.8		5,005.4			1,368.4	

III

철도 수송의 성장과 이동성

1. 국내의 철도 수송

이 장은 강점기 동안의 철도 수송 동향을 조감하고, 그 특징을 지리적 측면에서 살펴보는 것에 주안점을 둔다. 먼저 국내 여객과 화물 수송 동향을 분석한 다음, 국내 철도 수송량을 같은 시기의 일본 철도 수송 상황과 비교하고, 나아가 국내 사례를 통해 철도와 다른 육상 교통수단의 수송량을 비교해본다. 또한 사람과 화물은 얼마나 멀리 이동되었는가를 분석하여, 철도 수송의 거리조락성(距離凋落性, distance decay)을 밝힌다.

1) 철도 수송량과 이동성의 증가, 1910~1944

1910년을 기준으로 하였을 때, 광복 전해인 1944년까지 34년간 철도가 실어 나른 사람 수는 무려 52.5배, 화물 수송량은 34.4배나 증가하였다. 이런 빠른 성장세는 34년간 일관된 것은 아니다.

4 철도 성장 초기인 1910년대의 급성장에 대하여는 다음과 같은 기록에서도 엿볼 수 있다.
"철도 운영 초창기인 1908년도까지 조선철도는 밑지는 장사였다. 투자액에 비해 수익은 보잘 것 없었다. 하지만 1910년까지는 33만 8,380원에 이르는 순수익을 올렸고, 1911년에는 63만 3,950원으로 급격하게 늘었다. 1914년에는 123만 2천원, 1916년에는 363만 6천원, 1918년에는 370만 2천원으로 상승곡선을 그려가기 시작했다. 화물과 여객 수송 면에서 조선철도의 성장은 눈부신 것이었다. 화물 수송은 1907년에 39만 1천 톤이었는데, 1919년에는 364만 3천 톤으로 급증했다. 10여년 사이에 약 10배로 늘어난 것이다." (박천홍, 2002, pp.85~86)

시기적으로는 다소 부침(浮沈)이 있어, 1910년대에는 수송량이 빠르게 늘어나기 시작하였다가[4] 1920년대에는 다소 주춤하였고, 1930년대 특히 그 후반과 1940년대 전반기에 폭발적인 증가세를 보인다.

이러한 철도 수송량의 급증 추세는 20세기 전반 철도가 한반도에 도입된 이래, 차츰 한반도 전역으로 그 노선이 뻗어나가 사회 전반에 밀착되면서 핵심 육상수송수단으로 자리 잡아가는 과정을 보여주는 것이다.

사람과 화물의 수송 총량을 살피는 것만으로는 수송 증가 양상을 충분히 이해하는 데 한계가 있을 수 있다. 수송 총량의 증가에는 두 가지 요소, 즉 (1) 새 철도가 놓이거나 기존 철도 노선이 연장되면서 생기는 수송량의 추가 부분과, (2) 철도 노선의

표 III-1
한국 철도의 수송 총량과 철도 1km당 수송량, 1910~1944

연도	사람 수송		화물 수송	
	여객(만명)	철도 1km당 수송 여객(명)	화물(만톤)	철도 1km당 수송 화물(톤)
1910	202.4	387	90.3	342
1920	1,242.1	1,058	323.7	1,020
1930	2,065.0	1,102	593.6	1,195
1940	8,208.9	3,505	2,045.0	2,971
1944	10,637.3	4,831	3,101.5	5,933
1910~1944년 변동	52.5배 증가	12.5배 증가	34.4배 증가	17.3배 증가

자료 鮮交會, 1986, «朝鮮交通史»

그림 III-1
여객과 화물의 수송량, 1910~1944

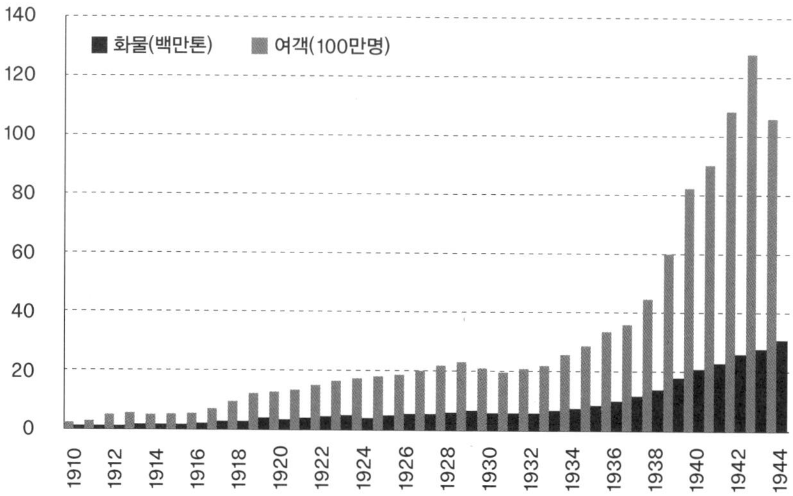

길이는 더 늘어나지 않더라도 이동성(移動性, mobility)의 증가로 말미암은 수송량 증가 부분이 포함되어 있기 때문이다. 새 교통수단이나 새 길이 나면, 사람들은 점차 이에 익숙해져 종전보다 더 자주 이용하게 되는 성향을 띠고, 화물의 경우에도 물자 수송방식이 변화에 적응하게 되면서 그 수송량이 늘어나는 추세를 보이기 마련인 것이다.

총수송량을 단위 거리(km)당 수송량으로 환산하면, 첫 번째 요소 즉 노선이 늘어나면서 수송량이 증가하는 부분을 조정할 수 있다. 따라서 단위 거리당 수송량이란 두 번째 요소 즉 이동성의 증가를 나타내는 지표가 된다. ‹그림 III-2›는 1910~1944년의 km당 하루 수송 여객 수와 화물 톤수를 나타낸 것이다.

철도 1km당 하루 평균 수송량으로 보면, 1910~1944년간 여객은 12.5배 화물은 17.3배가 늘어났다(‹표 III-1› 참조). 흥미로

그림 III-2
철도 1km당 하루 평균 수송 여객 수와 화물량

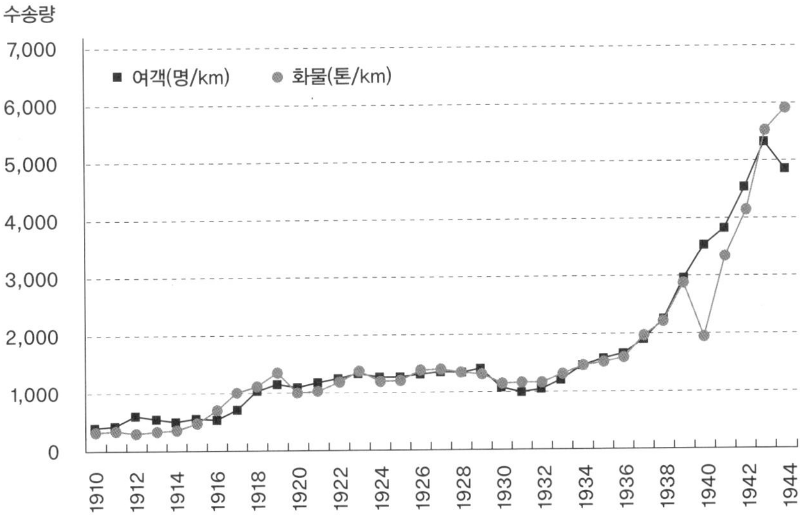

운 점은 수송 총량으로는 여객 수가 화물 수송량보다 그 증가율이 훨씬 높지만, 단위 거리당 수송량으로 환산하였을 때에는 화물의 증가율이 여객의 증가율을 앞지른다. 이러한 차이는 영업거리가 여객 수송과 화물 수송이 서로 다른 점, 그리고 부분적으로는 같은 노선이라 하더라도 여객 수송과 화물 수송의 영업일수가 다른 점에서 연유하는 것으로 보인다.

철도 1km당 하루 평균 수송량의 증가 추세는 시기적으로 보면 여객과 화물의 수송 총량의 경우와 그 양상이 비슷하다. 즉 1910년대에는 수송량이 빠르게 늘어나기 시작하였다가 1920년대에는 거의 정체하였고, 1930년대 이후 증가세는 가히 폭발적이라 할 만하다. 이러한 증가추세로 미루어, 1930년대란 한반도에서 철도가 핵심 교통수단으로 자리잡아간 시기라고 결론지어

도 무방할 듯하다.

2) 철도 교통량, 인구, 경제의 성장 속도 비교

당시 인구의 빠른 성장, 경제 활동의 증가로 인한 화물과 사람의 이동수요 증가 등을 감안하더라도 철도 수송량은 무척 빠르게 늘어난 것이다. 이를 더 자세히 살피기 위해 강점기 동안에 인구가 얼마나 늘어났으며, 경제 규모와 소득 수준은 얼마나 증가하였는지 비교하여 보기로 한다.

강점기의 한반도 인구는 그 자료 출처가 어디인가에 따라 조금씩 다르다. 조선총독부 통계 연보의 자료가 공식 통계지만, 강점기 초기에는 행정력이 전국 골고루 미치지 못한 관계로 누락 또는 미신고 부분이 적지 않았던 것으로 보고 인구를 추계한 경

표 III-2
강점기의 한반도 인구

조선총독부 통계 연보		김두섭*		낙성대경제연구소**	
연도	인구(명)	연도	인구(명)	연도	인구(명)
1911	14,055,869	1910	17,427,000	1911	16,614,967
1920	17,288,989	1920	18,972,000	1920	18,619,205
1930	20,256,563	1930	20,438,000	1930	21,058,305
1940	23,709,057	1940	23,547,000	1940	24,326,327
1944	26,662,150	1944	26,120,000	1944	25,900,142
증가율	1.9배		1.5배		1.6배

* 이희연(2005)에서 재인용, p.79.

** 김낙년, 2008.

우도 적지 않다(김낙년, 2008). 여러 인구통계 가운데 조선총독부의 인구자료는 1910년대 인구는 가장 적은 반면 1940년대의 인구는 가장 많이 집계되었으며, 다른 인구추계들은 시작연도의 인구는 조선총독부의 자료보다 더 많이, 1940년대의 인구는 더 적게 추계되었다. 이들 인구 자료에 의하면, 1910~1944년 동안 한반도의 인구는 1.5배 내지 1.9배 증가하였으며, 조선총독부의 자료가 다른 자료들보다 인구 증가율이 가장 높은 것으로 계산된다.

강점기 동안의 경제 활동 규모와 소득수준의 변동을 일목요연하게 볼 수 있는 자료는 그리 흔하지 않다. 따라서 여기서는 낙성대경제연구소의 추계(2006, 2008)를 활용한다. ‹그림 III-3›

그림 III-3
국민총소득과 1인당 GDP, 1911~1940

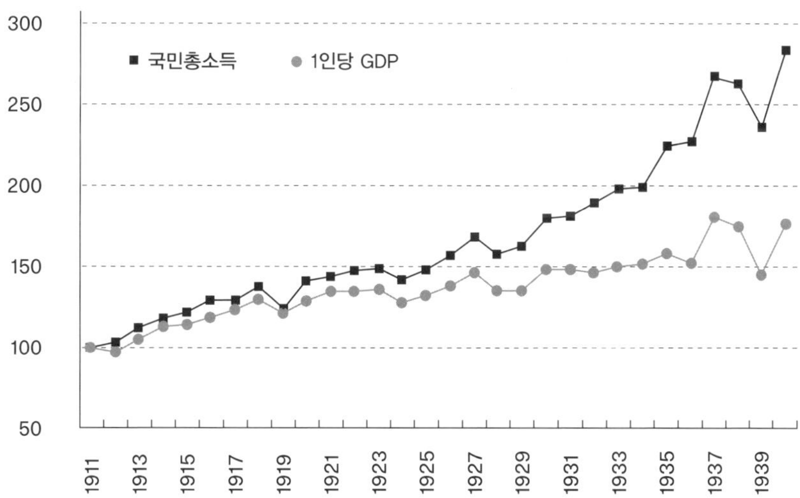

자료 김낙년, 2008.
주 그림에서 국민총소득과 1인당 GDP는 각각 1911년을 기준(100)으로 표시하였다.
국민총소득은 물가의 상승을 감안하여 1935년 가격으로 환산한 것이다.

은 1911년~1940년의 연도별 국민총소득(1935년 가격으로 환산)과 국민 1인당 GDP의 증가 추이를 나타낸 것이다. 그림에서 국민총소득과 1인당 GDP는 1911년 이래 꾸준히 증가하였으며, 1930년대에 들어와서는 비록 진폭이 크기는 하지만 조금 더 가파르게 증가하는 경향을 보이기 시작하였음을 알 수 있다. 국민총소득은 강점기 동안 2.83배, 1인당 GDP는 1.77배 증가하였다.

강점기 동안 우리나라의 인구는 성장률이 가장 빠른 통계로 보면 1.9배, 경제 규모는 약 2.8배 증가한 것으로 밝혀졌다. 이런 수치에 비하면, 철도교통량은 훨씬 큰 폭으로 증가하였음을 알 수 있다. 이는 철도라는 새로운 교통수단이 한반도에 도입되면서 주 교통수단으로 확고하게 자리 잡아가고, 이에 따라 이동성도 증가하는 모습을 잘 보여주는 것이라고 결론을 내릴 수 있다. 또한 해가 갈수록 화물 수송량의 증가율이 여객 수송량의 증가율을 능가하는 것으로 보아, 철도 부문에서 사람 통행에 못지않게 화물 수송의 중요성이 커졌음을 가리키고 있다.

2. 20세기 전반 철도 수송량과 수송 거리의 의미

우리는 지금까지 강점기 철도 수송을 살펴보았다. 강점기의 이러한 여객과 화물의 수송량은 도대체 얼마였을까? 수송 거리는 과연 얼마나 멀었을까? 더 나아가, 철도 수송량은 자동차, 도보 등 다른 교통수단과 비교하면 어떤 수준이었을까? 이처럼 철도 수송량과 수송 거리가 갖는 의미를 더 찾아보려는 것이 이 절의 취지이다.

1) 한국과 일본의 철도 수송 비교

어떤 지역의 현상을 파악하는 방법의 하나로 이를 다른 지역의 현상과 비교하는 것을 생각해 볼 수 있다. 제삼자의 입장에서 두 지역을 바라봄으로 현상에 대한 이해의 깊이를 더할 수 있기 때문이다. 여기서는 강점기 한반도의 철도 수송 규모를 일본의 경우와 비교해 보기로 한다. 선교회의 자료에서 같은 기간, 같은 항목에 대한 수송 자료를 일부 구할 수 있기 때문이다. 비교 대상은 한국과 일본 모두 국유철도에 국한하며, 사설철도는 제외되었다. 아쉬운 일이다.

비교할 지표는 철도역간 거리(km), 1km당 하루 평균 수송 여객 수(명)와 화물량(톤), 그리고 1인당 평균 승차 거리(km)와 화물 1톤당 평균 수송 거리(km)의 세 가지이다. 이런 지표들은 결국 일종의 수송 밀도를 보여주는 것이다. 기차역간 거리란 역과 역 사이가 얼마나 떨어져 있는가, 즉 얼마나 자주 서는가를 보여주는 지표로서, 도시나 읍 등 인구가 밀집한 취락의 분포, 즉 교통 수요가 얼마나 조밀하게 분포하고 있는가를 간접적으로 들여다 볼 수 있다. 1km당 하루 평균 수송 여객 수(명)와 화물량(톤)은 한꺼번에 얼마나 많은 사람과 화물을 실어 날랐는가, 1인당 평균 승차 거리와 화물 1톤당 평균 수송 거리는 사람과 화물이 얼마나 멀리 이동되었는가를 보여주는 것이다.

지표에 따라 집계된 시간 범위는 조금씩 다르다. 철도역간 거리(km)는 1912~1943년분이며, 1km당 하루 평균 수송 여객 수(명)와 화물량(톤) 지표는 한국은 1912~1943년, 일본은 1925~1943년분의 통계가 마련되어 있으며, 1인당 평균 승차 거리(km)와 화물 1톤당 평균 수송 거리(km)는 한국은 1912~1944년, 일본은 1925~1944년분이 사용 가능하다. 또 원자료에서 한국과 일본 모두 1913~1915년, 1917~1920년, 1922~1924년에 해당 통계가 누락되어 있었다. 이 글에서 제시하는 그래프들을 살필 때 주의가 필요한 부분이다.

(1) 한국과 일본 국유철도의 역간 거리

먼저 철도의 시설 측면에서 철도역간 거리를 살펴보겠다. ‹그림 III-4›에서 보듯이 일본 국유철도의 역간 거리는 한반도의 그것에 비해 훨씬 짧았다. 시기에 따라 조금 차이는 있지만, 대체로 2km 안팎의 격차를 보인다. 1912년에 한국 국유철도의 역간 거리는 10.3km였던 데 비해 일본 국유철도의 역간 거리는 5.6km로 거의 배 정도 차이를 보인다. 강점기 동안 일본 철도의 역간 거리는 조금 줄어든 반면(1943년 4.8km), 한국 철도의 역간 거리는 빠르게 줄어들어 1943년에는 6.8km에 이르게 된다. 1943년 현재 한국 국유철도의 역간거리는 6.8km로, 일본의 1910년대 5.8km보다 약 1km 더 긴 수준이다.

그림 III-4

한국과 일본 국유철도의 역간 평균 거리, 1912~1943

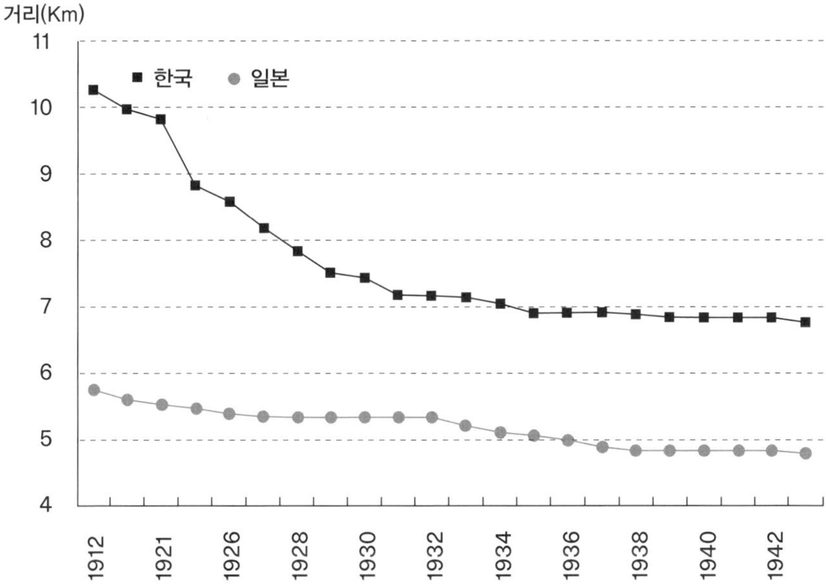

주 1913~1915년, 1917~1920년, 1922~1924년의 통계가 누락되어 있다.

철도역간 거리의 분석 결과, 일본은 철도를 일찍부터 부설하기 시작하여 국지 및 도시-근교 간 교통수단으로도 자리 잡은 반면, 20세기 초 뒤늦게 출발한 한반도 철도는 비록 역간 거리를 빠르게 줄여나가기는 했지만 일본의 경우에 비해 여러 해 뒤쳐져 있는 상황임을 말해준다.

철도역과 역 사이의 간격이 좁아진다는 것은 기존 역 사이에 새 역이 추가되었거나, 신설 노선에서 역간 거리를 짧게 설정하였다는 것을 의미한다. 어느 경우이던 철도교통 수요가 그만큼 늘어났다는 것을 보여주는 단서일 것이다. 역간 거리가 짧아진다는 것은 철도가 비단 장거리 수송수단일 뿐 아니라 국지 교통수단으로도 기능하게 된다는 것을 의미하기도 한다. 국내 자료에서도 큰 도시와 그 인근 사이에 통근·통학 열차가 운행되었다는 기록을 자주 볼 수 있다.

(2) 철도 노선 1km당 하루 평균 수송량

수송 규모 면에서, 철도 노선 1km당 하루 평균 여객 수(‹그림 III-5›)와 화물 톤수(‹그림 III-6›)을 비교해보면, 20세기 전반기

그림 III-5
철도 1km당 하루 평균 수송 여객 수, 1912~1943

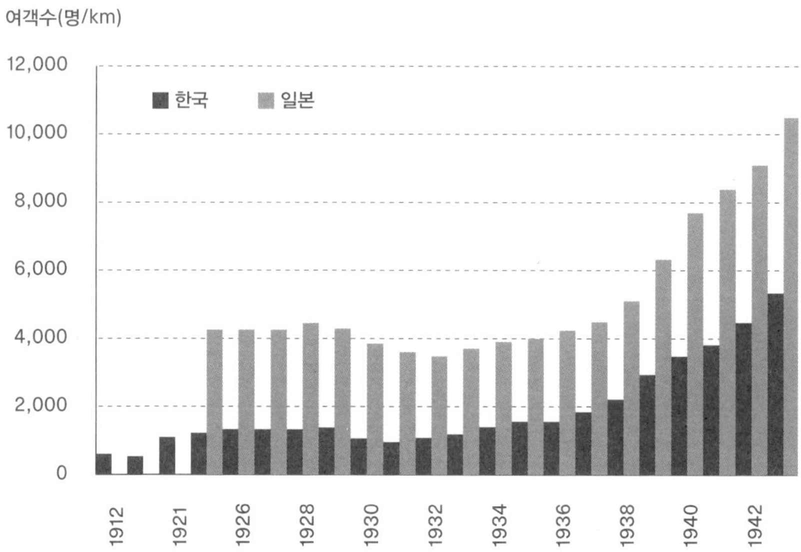

주 한국은 1913~1915년, 1917~1920년, 1922~1924년의 통계 누락.
일본은 1913~1924년의 통계 누락.

그림 III-6

철도 1km당 하루 평균 수송 화물량, 1912~1943

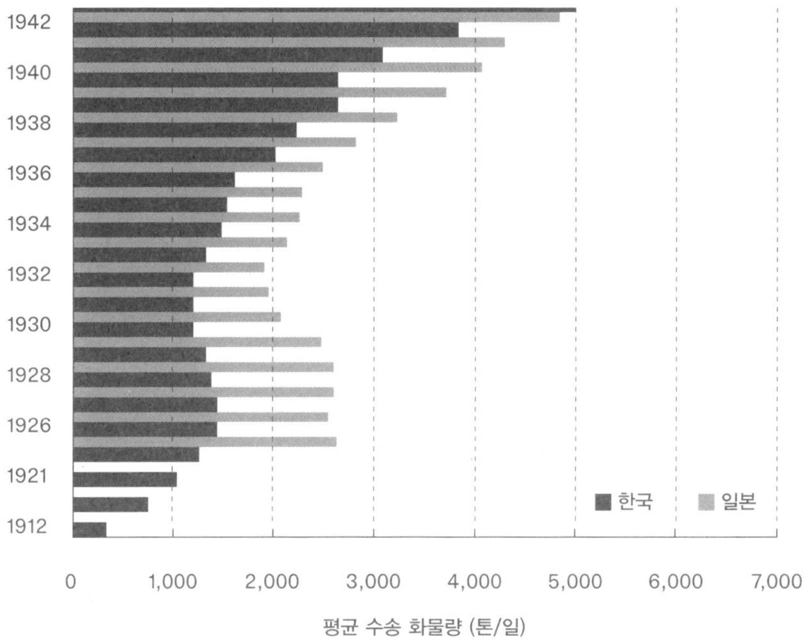

주 한국은 1913~1915년, 1917~1920년, 1922~1924년의 통계 누락.
일본은 1913~1924년의 통계 누락

동안 km당 수송 여객 수와 화물 톤수의 증감 추세는 한국과 일본이 비슷하다. 1910년대와 1920년대까지는 수송량에 큰 변화를 보이지 않아 거의 정체되어 있었다고 말할 수 있으나, 1930년대에 들어와서는 빠르게 늘어나며 해가 갈수록 그 증가속도가 더 빨라지는 경향을 띤다. 한국과 일본 모두 20세기 전반에 인구와 경제가 성장하면서 교통 수요도 그만큼 늘어났다는 증거일 것이다.

이러한 증가 추세 속에서, 비록 한국의 여객 수송량이 꾸준히 늘어나기는 하였지만, 여객 수송에서는 분석 기간 동안 한국과 일본의 격차는 그대로 유지된다. 한반도의 여객 수송량은 일본의 그것보다 km당 2천5백~3천 명 정도 적은 수준을 유지하고 있으며, 1940년대에 들어서면 그 격차는 약 5천 명 수준으로 더욱 벌어지게 된다. 이는 한국 국유철도의 여객 수송규모가 일본의 1/3~1/2 수준이었음을 보여주는 것이다. 여객 수송량에서 이런 격차가 유지되는 것은 철도역간 거리에서 한·일 간에 차이를 보이는 것과 일맥상통한다. 일본의 역간거리가 한국보다 짧아 국지 및 단거리 이동수단으로서의 성격이 더 두드러지는 점이, km당 수송 여객 수의 차이에서도 다시 드러나는 것으로 풀이할 수 있다.

반면, 화물의 경우에는, km당 수송 화물량은 1920년대에는 1천 톤 이상의 격차를 보였으나, 시간이 갈수록 그 격차는 차츰 줄어든다. 한국 철도의 화물 수송규모는 1920년대에는 일본의 2/3 수준이었다가 강점기 말이 되면 3/4 수준까지 빠르게 따라잡고 있었던 셈이다. 즉 절대 수송 규모에서 아직 일본에 미치지는 못하였지만, 화물 수송량이 날로 늘어나고 있음을 보여주는 단서이다. 즉 식민지의 철도가 현지인의 교통 수요보다는 화물 수송에 치우쳐가는 과정의 한 단면일 수 있는 것이다.

(3) 여객과 화물의 평균 이동 거리

이번에는 이동 거리 측면에서 한국과 일본의 사정을 비교해 보자. 여객 한 사람당 평균 승차 거리(‹그림 III-7›)와 화물 1톤당 평균 수송 거리(‹그림 III-8›)는 각각 사람과 화물이 얼마나 멀리 이동하였는가를 보여주는 지표이다.

이 지표에서는 한국과 일본의 차이가 더 뚜렷하다. 여객의 경우, 일본의 평균 승차 거리는 20세기 전반기 동안 24~28km

정도로 거의 고정된 양상을 보이는 반면, 한국은 52~72km 수준으로 승차 거리가 훨씬 길 뿐 아니라 해에 따른 변동 폭도 일본보다 크다. 더구나 한국에서는 시간이 갈수록 승차 거리가 늘어나는 경향을 띠고 있어, 한반도에서는 철도가 비단 도시와 그 외곽 사이의 단거리 교통도 적지 않았지만, 중거리 교통수단으로서의 성격이 일본보다는 더 강했음을 잘 보여준다.

화물의 단위중량당 평균 수송 거리는 한국이 146~334km 수준으로 일본의 158~248km보다 조금 더 길며, 이러한 차이는 전

그림 III-7
한국과 일본 국유철도의 여객 1인당 평균 승차 거리, 1912~1943

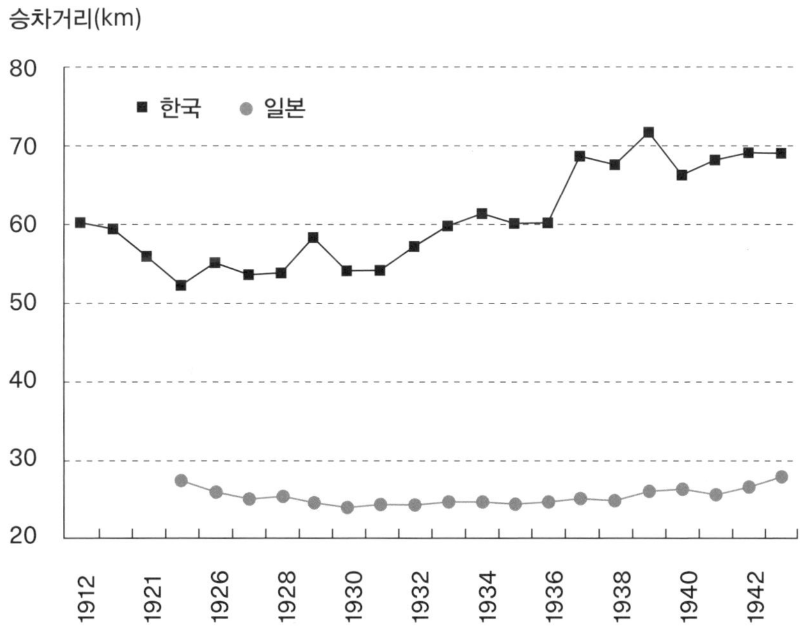

주 한국은 1913~1915년, 1917~1920년, 1922~1924년의 통계 누락.
일본은 1913~1924년의 통계 누락

그림 III-8
한국과 일본 국유철도의 화물 1톤당 평균 수송 거리, 1912~1943

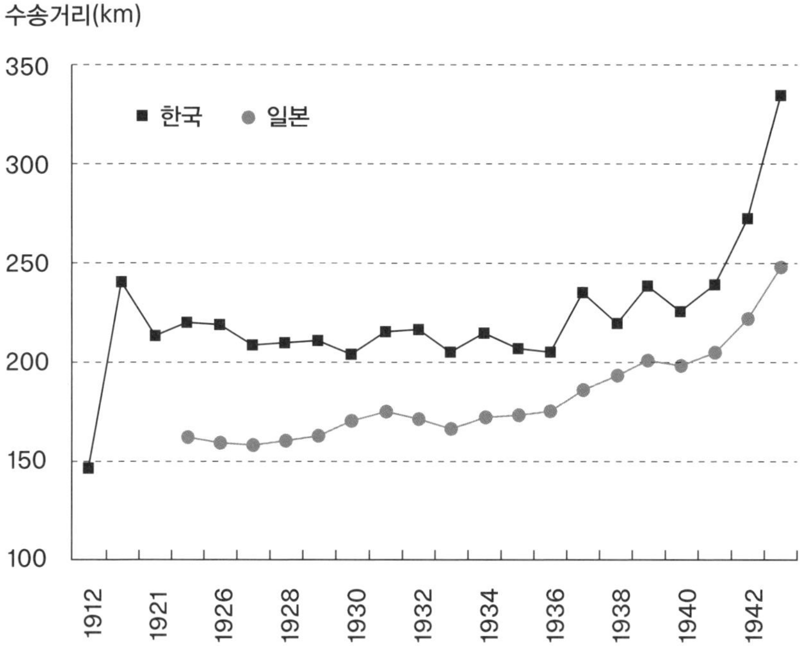

주 한국은 1913~1915년, 1917~1920년, 1922~1924년의 통계 누락.
일본은 1913~1924년의 통계 누락

분석기간 동안 유지되고 있다. 그러나 여객의 평균 승차 거리보다는 한·일 차이가 덜하다. 그만큼 화물 수송은 일본의 사정과 더 비슷하였다는 뜻일 것이다. 두 나라 모두 화물의 수송 거리가 해가 갈수록 늘어나는 추세를 보이는데, 이는 여객 수송과는 달리 장거리 수송수단의 성격을 강화해 갔다는 증거로 보아야 할 것이다.

한국 철도에서는, 여객의 경우 평균 이동 거리는 1912년에 약 60km였으며, 1920년대까지는 60km 안팎을 유지하다가 1930

년대에 조금씩 늘어나기 시작하여 약 70km까지 이르렀고, 1943년~1944년에 갑자기 증가하여 82.3km에 이르게 된다. 화물의 평균 수송 거리는 1910년대~1930년대에 200~250km 수준을 꾸준히 유지하다가, 1940년대에 들어와 가파르게 증가하여 1944년에는 347.3km이 이르게 된다.

여객의 이동 거리가 60~70km 정도라면, 이는 경부선으로 본다면 서울에서 오산 및 평택까지의 거리에 해당하는 것으로, 그다지 긴 거리라고는 말할 수는 없다. 이런 거리는 철도가 장거리 수송 수단이라고 보는 통념에서 크게 빗나가는 것이다. 또한 강점기에 쓰인 소설에서도 등장인물들이 서울과 부산, 서울과 평양을 오가는 등 장거리 여행을 하는 장면이 많이 등장하며, 짧은 거리의 철도통행 이야기는 잘 볼 수 없다. 비록 소설에서 전개되는 이야기는 허구에 불과할 터이나, 그래도 소설에 등장하는 배경과 모습은 당시 시대상을 어느 정도 반영할 것이라고 본다면, 통계 자료에서 드러난 짧은 이동 거리는 우리의 예상을 상당히 벗어나는 것이다. 사람들의 철도 여행 거리가 짧았던 점은 선행연구에서도 증언하고 있다. 정재정(1999, pp.392~401)에 의하면, 근거리 여행객의 대부분은 한국인이었고, 일본인은 대개 장거리 여행을 했다고 한다.

화물에 비해 여객의 이동 거리는 왜 훨씬 짧았을까 하는 의문에 답을 줄만한 자료는 찾을 수 없었으며, 두어 가지 추정이 가능할 따름이다. 하나는 당시 생활권이 지금보다 훨씬 작았던 점을 감안한다면, 장거리 여행에 대한 수요보다는 한 도시(읍)에서 가까이 있는 다른 도시(읍)까지 오가는 수요가 더 많았을 것으로 볼 수 있다. 더 나아가, 서울, 부산 등 큰 도시에서는 중심도시와 근교 사이의 통근열차가 운행되곤 하였으니, 자연히 단거리 여객 수가 많이 집계되었을 가능성을 꼽을 수 있다. 셋째로는 한반도 철도망에는 경부선, 경의선 등 장대(長大) 노선도 있지만, 길이가 짧은 지선도 다수 있어 통계에 평균 여행 거리가 짧게 집계되었을 것으로 보인다.

이상 철도의 시설, 수송량, 수송 거리 등 여러 측면에서 고찰한 것을 종합하여 보면, 화물의 경우 한국과 일본 모두 장거리 수송수단으로서의 성격이 분명하였고, 시간이 흐를수록 이러한 성격이 더 두드러져 갔었다고 결론지을 수 있다. 이와는 반대로 여객의 경우 일본은 이미 철도망이 전국에 걸쳐 조밀하게 놓였고 특히 도시와 근교 및 인접 도시를 잇는 교통수단의 성격을 갖춘 반면, 한국은 철도 부설이 시작된 단계여서 철도망이 전국적으로 확산이 덜 되었고 사람들의 이동 행동도 아직 철도 중심으로 확고하게 자리 잡은 단계도 아니어서, 도시 간 또는 도시-근교 간 단거리 수송의 성격이 일본보다는 약했던 것으로 보인다.

한국 철도의 여객 수송이나 화물 수송량이 일본에 비해 뒤쳐진 점은 두 나라의 경제 규모나 수준의 차이 때문에 한국의 철도교통 수요가 일본만큼 크지 못했음을 반영하는 것으로 볼 수 있다. 또한 한반도의 철도망이 기본 골격만 갖추었고 일본처럼 전국 곳곳에 철도가 놓인 수준이 아니어서, 통행목적지에 제약이 컸고 이것이 다시 승차 인원을 적게 만들고 대신 승차 거리는 늘이는 작용을 하였을 것으로 보인다. 화물은 여러 노선을 옮겨가며 시간을 더 들여 최종 목적지까지 가더라도 큰 문제가 없다. 그러나 여객의 경우에는 환승을 해야 하거나 경로를 크게 우회해야만 할 때 자동차 등 다른 경쟁 교통수단으로 옮겨 타거나 아예 통행을 포기하는 일도 적지 않게 발생할 수 있기 때문이다.

2) 철도와 타 교통수단의 수송량 비교: 1930년 경상남도의 사례

강점기 철도 교통의 의미를 이해하기 위하여, 이번에는 국내의 다른 교통수단의 교통량 분석을 시도하기로 한다. 여기서는 자료의 한계 때문에 1930년 경상남도의 도로교통 자료를 살펴보는 데 국한한다. 강점기에 한반도의 자동차, 도보, 수레 등 여러 육상교통수단의 교통량을 일목요연하게 정리해 둔 자료는 쉽게 찾을 수 없었다. 이에 입수 가능하였던 자료를 통해 부분적인 비교나마 시도한다.

표 III-3
경상남도의 철도역과 도로교통 조사 지점, 1930

<table>
<tr><th rowspan="2">철도 노선과 역[1)]</th><th colspan="2">도로교통 조사 지점</th></tr>
<tr><th>철도 노선과 겹치는
도로 구간과 조사 지점[2)]</th><th>기타 도로 노선과 조사 지점[3)]</th></tr>
<tr><td>경부 본선(9):
부산, 초량, 부산진, 사상, 구포,
물금, 원동, 삼랑진, 밀양</td><td>(6):
삼랑진, 밀양면, 물금 역전,
부산진 출구, 구포리 입구,
사상리 도선장</td><td rowspan="4">부산~동래~양산 (4)
양산~언양~울산 (8)
밀양~합천~함양 (11)
삼천포~진주~거창 (14)
통영~마산~창녕 (16)
고성~진주~합천 (6)
의령~군북 (3)</td></tr>
<tr><td>경전선(7):
낙동강, 유림정, 진영, 덕산, 창원,
구마산, 마산</td><td>(3):
창원 덕산, 창원 읍내,
마산 입구</td></tr>
<tr><td>진해선(4):
상남, 성주사, 경화, 진해</td><td>(3):
창원 출구, 상남, 진해 입구</td></tr>
<tr><td>동해남부선(2):
울산, 병영</td><td>(2):
울산 입구, 울산 출구</td></tr>
</table>

자료 경상남도, 토목요람, 1931.
주 1) 괄호 안의 수치는 철도역의 수.
2)와 3) 괄호 안의 수치는 도로교통량 조사 지점의 수.

본 분석에 쓰인 자료는 경상남도가 1930년에 인구, 교통량 등에 관한 조사를 실시하여 그 결과를 1931년에 발간한 '«경상남도 토목요람»'이다. 이 조사에서는 경상남도의 주요 도로(15개 노선)를 따라 94개 조사 지점을 정하고 1930년 한 해 동안 통과통행량을 집계하였다. 본 분석에서는 이 조사 지점 가운데 철도 노선(경부 본선의 부산~밀양 구간, 경전선의 삼랑진~마산(일명 마산선) 및 창원~진해 구간(일명 진해선), 동해남부선의 울산~병영 구간[5])과 겹치는 구간과 겹치지 않는 기타 구간을 구분하여 통과교통량을 비교하였다. 비록 자료가 1930년 한 해분에 국한되기 때문에, 시기에 따른 변화를 살피는 데에는 한계가 있으나, 철도 교통량의 의미를 이해하는 데 도움을 받을 것으로 본다.

철도역의 승하차 교통량과 도로 조사 지점의 통행량을 요약하면 ‹표 III-4›와 같다. 1930년 한 해 동안, 경부선, 마산선, 진해선, 동해남부선의 승차-하차 여객 수는 철도역당 평균 143,012명, 발송과 도착 화물량은 철도역당 평균 29,128톤이다. 이에 비해 이들 철도 노선과 겹치는 도로 구간의 평균 통행건수는 2,044,891건으로 철도의 역당 승하차 여객 수의 약 14.3배나 되어, 큰 격차를 보인다. 철도로 수송되는 화물 톤수가 도로에서의 통과교통 건수로 어떻게 환산될 수 있을지는 모르나, 가령 화물 수송량을 승하차 여객 수와 대등한 것으로 보더라도 한 역당 취급한 철도 교통량은 도로 조사 지점당 통과교통량의 1/7을 못 미치는 수준이었다고 판단할 수 있다. 더구나 도로교통량 조사에서는 자동차 한 대의 통행과 사람 한 명의 통행을 같은 건수

5 1930년 현재 동해남부선은 부산~울산 구간이 개통되지 않았다.

표 III-4
경상남도 주요도로의 교통수단별 통행량, 1930

교통 수단		조사 지점당 평균 통행량(건)		교통수단별 구성비(%)	
		철도와 겹치는 도로 노선	기타 도로 노선	철도와 겹치는 도로 노선	기타 도로 노선
사람 통행	도보	619,026	495,065	30.3	26.1
	가마	1,378	5,344	0.067	0.28
	자전거	232,887	161,621	11.4	8.5
	인력거	27	902	0.001	0.05
	자동차	194,106	261,542	9.5	13.8
	오토바이	247	2,967	0.012	0.16
화물 통행	지게 (짐꾼)	742,871	697,185	36.3	36.8
	손수레	45,996	41,199	2.2	2.2
	우마차	208,354	230,573	10.2	12.2
합계		2,044891	1,896,398	100.0	100.0

자료 경상남도, 토목요람, 1931.
주 1930년에, 도로와 경로가 겹치는 철도 노선 구간의 역당 평균 여객 수는 143,012명, 화물은 29,128톤이었다.

로 표시하고 있지만, 자동차의 승객 수가 적어도 한 사람 이상일 것으로 미루어 도로교통량은 표에서 수치로 제시된 것보다 더 많았다고 판단하는 것이 상식이다. 이런 계산법으로 본다면, 철도와 도로 교통량은 약 1대 10 또는 그 이상이었을 가능성도 있다. 다만, 도로교통은 철도에 비해 더 짧은 거리를 이동하는 것으로 볼 때, 단거리 도로교통보다는 중·장거리 교통량의 차이가 그 정도였다고 해석할 수도 있을 것이다.

철도와 경로(經路)가 겹치는 도로와 그렇지 않은 도로는 통행량의 구성에서 흥미로운 차이를 보인다. ‹표 III-4›의 오른쪽 란에서 보듯이, 철도와 겹치는 도로에서는 도보와 자전거처럼 사람이 손수 움직이는 교통수단의 구성비가 더 높고, 경로가 겹치지 않는 도로에서는 가마, 인력거, 자동차, 오토바이, 우마차 등 다른 일꾼이나 수단에 의존하는 이동방식의 구성비가 더 높다. 이러한 차이는 철도와 그 노선이 겹치느냐의 여부에 따라 철도와의 경쟁(및 역할 분담) 여부가 갈리기 때문일 것이다. 철도와 겹치는 노선이나 그렇지 않은 노선이나 지게(와 짐꾼)와 손수레 통행의 구성비가 비슷한 이유는 지게, 등짐, 손수레 등이 본래 단거리 화물 수송 수단이라는 점에서 설명이 가능하다.

3. 사람과 화물의 이동 거리

앞에서 우리는 강점기 동안 사람과 화물의 평균 수송 거리를 파악하였고, 나아가 이를 일본 철도의 경우와 비교하여 보았다. 이 자료는 당시 이동 거리를 하나의 수치로 요약하여 주므로 간편하기는 하지만, 이동 거리의 분포에 대하여는 알 길이 없다. 이러한 문제를 풀기 위하여 여기서는 먼저 국유철도의 사람과 화물 이동 거리 변화를 시계열(時系列)로 분석하고, 사설철도의 1925년 사례를 통해 일부 지선에서의 이동 상황도 살피기로 한다.

1) 국유철도에서 이동 거리의 분포, 1908~1929

국유철도에서 사람과 화물이 얼마나 멀리 이동하였는가를 알아보는 데는 조선총독부철도국이 발간한 연보(年報)에 실린 거리 구간별 탑승 승객 수(명)와 수송 화물량(톤) 자료가 쓰였다. 앞 절에서 분석한 선교회 자료는 1912~1944년의 정보를 제공하고 있어, 강점기 동안의 이동 거리 변화의 전모를 살피는 데 적절하며, 후자는 이보다 짧은 기간인 1908~1929년의 상황을 보여주고 있지만 거리 구간별 빈도 분포를 알 수 있어 이동 상황을 더 상세하게 살펴볼 수 있다. 아쉽게도 조선총독부철도국의 자료는 1929년 이후의 연보에서는 집계되지 않았으며, 다른 철도관련 자료에서도 찾을 길이 없었다.

조선총독부철도국 연보에서는 거리 구간별 여객과 화물의 이동량 집계를 싣고 있다. 여객 이동에서는 50리(哩, 마일) 이내, 50~100리, 100~200리, 200~300리 등의 구간을 설정하여 집계하였으며, 화물은 20리 이내, 20~100리[6], 100~200리, 200~300리 등의 구간으로 집계하였다. 1908~1929년의 이동량 분포를 분석한 결과를 요약하면 <그림 III-9, 10> 및 <표 III-5, 6>과 같

그림 III-9
여객 이동의 거리조락성, 1908~1929

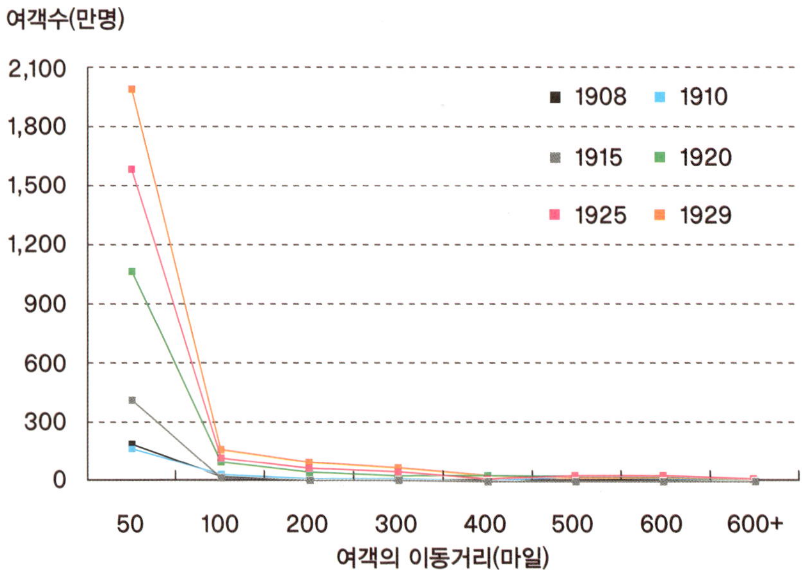

자료 조선총독부철도국 연보와 남만주철도주식회사 경성철도국 연보

6 20~100리(마일) 구간에서는 1908~1918년까지는 20~50리와 50~100리 구간으로 세분하였으나, 1919년부터는 200~100리 구간으로 통합하여 집계하였다. 이 때문에 본고에서는 시계열의 통일을 위해 1908~1918년 자료도 20~100리로 통합하여 분석하였다.

그림 III-10
화물 수송의 거리조락성, 1908~1929

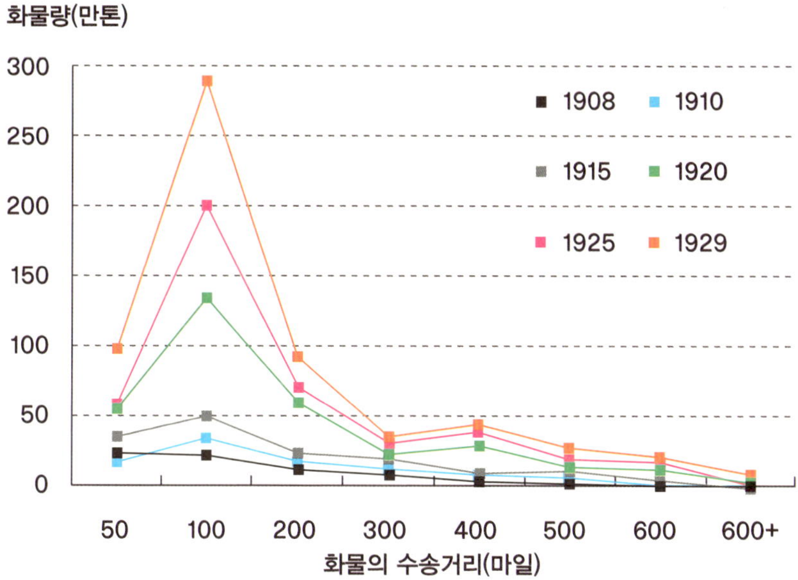

자료 조선총독부철도국 연보와 남만주철도주식회사 경성철도국 연보

다. 이동 거리는 원자료 그대로 마일(哩) 단위로 표기한다. km로 환산하면 거리구간 표기에 혼란이 올 수 있기 때문이다. 본고에서 거리를 마일(哩)로 표기하는 것은 이 부분이 유일하다.

그림과 표는 사람과 화물 수송에서 거리조락성(距離凋落性)을 확연하게 드러낸다. 단거리 구간에서 사람 통행과 화물 수송량이 많고, 수송 거리가 늘어나면서 수송량이 현저히 줄어드는 추세를 잘 보여주고 있는 것이다. 다만, 화물은 20리 이내의 최근거리 구간보다는 100리 이내의 거리 구간에서 수송량이 가장 많은 점이 사람 통행과 다른 점이다. 이러한 거리조락 현상이 분석기간 동안 일관되게 유지되고 있는 것으로 미루어, 1930년 이후의 철도 이용에서도 거리조락성은 계속되었을 것으로 보인다.

표 III-5
사람의 통행 거리 분포, 1908~1929 (단위: %)

연도	이동 거리(哩, 마일)							
	0~50리	50~100	100~200	200~300	300~400	400~500	500~600	600+
1908	82.5	8.0	4.3	4.0	1.1			
1910	80.6	8.7	4.5	4.3	1.9			
1915	84.3	7.0	4.8	2.8	0.4	0.7		
1920	85.3	7.5	3.5	2.2	0.5	0.5	0.5	
1925	86.6	7.0	3.2	2.0	0.5	0.3	0.4	
1929	85.4	6.8	3.8	2.6	0.6	0.4	0.5	0.1

표 III-6
화물의 수송 거리 분포, 1908~1929 (단위: %)

연도	이동 거리(哩, 마일)							
	0~20리	20~100	100~200	200~300	300~400	400~500	500~600	600+
1908	31.1	29.9	16.8	12.0	6.6	3.6		
1910	17.1	37.5	18.2	13.6	7.6	6.0		
1915	21.8	31.1	15.2	12.9	6.6	8.0	4.5	
1920	17.1	41.7	18.5	6.9	8.4	3.3	4.0	
1925	13.4	46.7	16.2	6.9	8.7	4.3	3.9	
1929	16.0	47.5	15.2	5.6	7.0	4.3	3.1	1.3

또한 그림과 표에서 다시금 확인되는 것은 여객의 이동 거리가 화물의 이동 거리보다는 짧다는 점이다. 전 분석기간(1908~1929)을 통하여 여객은 대부분(80% 이상)이 50리 이내에서 이동하여 단-중거리 통행의 양상을 뚜렷이 보여준다. 이런 통행 거리란 21세기인 지금에 비유하자면 도(道) 안의 한 도시에서 다른 도시로 이동하는 정도에 해당한다.

철도 여행이 비교적 단거리였던 데 비해 화물의 수송 거리는 훨씬 더 길다. 수송 거리가 100리 이내인 경우가 전체 화물의 약 1/2, 200리 이내까지 범위를 넓히면 전체 화물의 약 3/4을 포함하여 사람 통행보다는 중-장거리 이동의 성격이 분명히 드러난다. 이런 이동 범위란 한 도(道)의 범위를 훨씬 넘어서는 것이다. 그러면 단거리 화물은 어떻게 수송하였을까? 1925년 경상도의 도로교통량조사 자료에서 살펴보았듯이, 자전거, 지게, 우마차, 손수레의 이용이 대부분이었을 것이다.

사람 통행에서 50리 이내의 통행 비율이 80%를 넘는 경향이 전 분석기간을 통해 단조롭게 유지되었던 데 비해, 화물의 수송거리 분포는 시기에 따라 미세하지만 흥미로운 변화를 보인다. 1910년대에는 20리 이내, 20~100리, 100~200리 및 200~300리 구간에 걸쳐 비교적 너른 분포를 보이던 것이 1920년대에 들어오면 20~100리 구간의 구성 비율이 매우 높아져서 1929년에는 47.5%로 전체 수송화물의 절반 가까이를 차지한다. 20~100리 구간이란 중거리의 이동을 뜻한다. 20리 미만의 단거리 이동까지 포함하면 0~100리의 수송비율은 전체 화물의 약 2/3를 차지하고 있다.

2) 사설철도에서 이동 거리의 분포: 1925년 장항선과 대구선의 사례

사설철도에서 여객과 화물의 이동 거리에 대한 자료는 구하기가 매우 어려웠으며, 조선총독부철도국의 «사설철도 및 궤도 통계연보(私設鐵道及軌道 統計年報)» 1925년도 한 해분(1925년 6월 1일~12월말의 수송량 집계)에서만 이 주제에 부합하는 자료가 마련되어 있었다. 이 통계 연보에는 당시 운영되고 있었던 12개 사설철도에 대하여 노선별로 각 역과 역 사이의 여객 및 화물 수송량 행렬(이른바 origin-destination matrix)이 실려 있으며, 또한 역별 환승, 환적량도 집계되어 있다. 본고에서는 12개 사설철도 노선의 이동 거리를 일일이 분석할만한 지면이 허용되지 않으므로, 운영시기가 상대적으로 오랜 충청남도의 장항선(조선경남철도 충남선)과 경상남북도의 대구선(경동선)을 사례분석 대상으로 삼았다.

먼저 두 노선의 개황을 살피면 다음과 같다. 장항선은 경부

그림 III-11
장항선(조선경남철도 충남선)의 역과 연변 지역, 1925

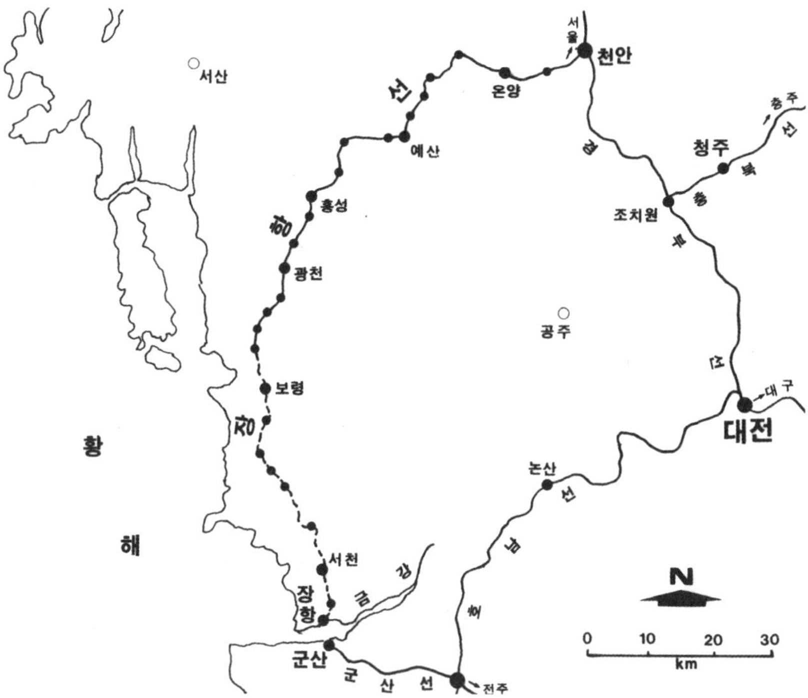

주 지도의 점선은 1925년 현재 미개통 구간임.

선 천안역에서 분기하여 장항이 종착지인 노선으로, 1925년 당시에는 천안에서 홍성군 광천까지만 개통(천안~광천 75.3km)되어 있었고, 광천에서 장항까지는 미개통이었다. 천안~광천 구간에는 모두 16개의 역(천안-세교-모산-온양온천-신창-학성-선장-신례원-예산-오가-삽교-화양-홍성-학계-신곡-광천)이 있었으며, 이 가운데 천안, 온양온천, 예산, 홍성역의 수송량이 다른 역에 비해 많았다. 천안~온양온천 구간이 14.7km, 온양온천~예산 구간이 25.9km, 예산~홍성 구간이 22.0km, 홍성~광천 구간이 12.7km였다.

대구선은 대구~서악~포항~학산을 잇는 노선(대구-동촌-반야월-청천-하양-금호-영천-임포-아화-건천-광명-서악-금장-사방-안강-부조-효자-포항-학산)과 서악에서 갈라져 경주~울산을 잇는 노선(서악-경주-동방-불국사-입실-화산-호계-병영-울산)을 함께 부르는 이름이며 당시에는 경동선(慶東線)으로 불렸다. 1925년 당시에는 아직 동해남부선이 개통되지 않은 시점이어서 울산 남쪽으로는 노선이 연장되지 않았다. 모두 27개 역이 있었으며, 이 가운데 대구, 영천, 포항, 울산, 경주역의 수송량이 가장 많고, 장항선의 온양온천과 비슷하게 경주역과 불국사역도 관광객의 승하차가 적지 않았다. 가장 먼 거리는 대구~울산 구간(110.2km)이며, 대구~학산 구간(107.9km)이 그 다음이다. 주요 역간 거리는 대구~영천 33.9km, 영천~포항 70.9km, 영천~경주 34.9km, 경주~울산 41.4km이다.

장항선과 대구선의 여객 및 화물 수송행렬 자료를 분석한 결과는 각각 <표 III-7>과 <표 III-8>에 요약되어 있다. 표에서 가장 눈에 뜨이는 것은 여객과 화물 수송의 극심한 편포(遍布), 즉 뚜렷한 거리조락성이다. 장항선과 대구선 모두 20km 미만의 짧

그림 III-12
대구선(경동선)의 역과 연변 지역, 1925

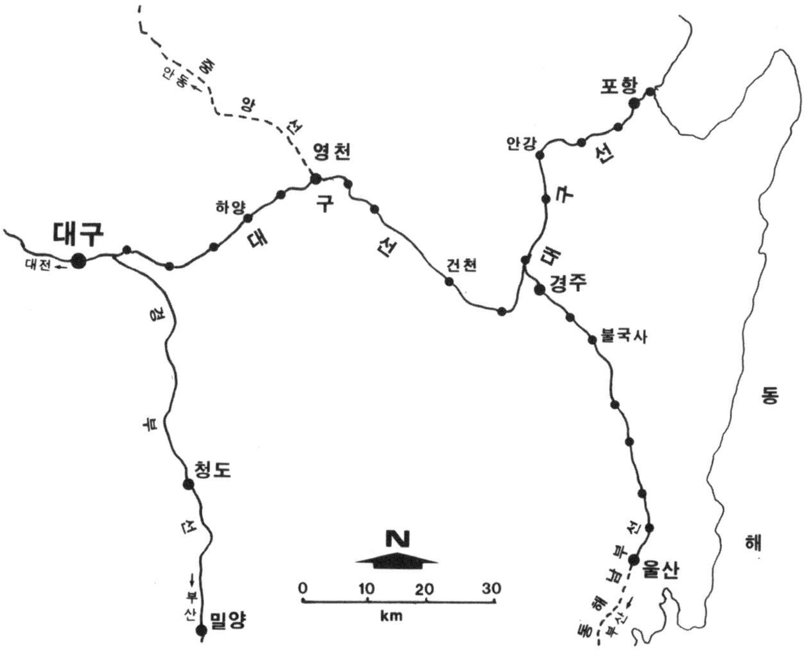

주　지도의 점선은 1925년 현재 미개통 구간임.

은 거리 구간에서 여객의 수송량이 압도적으로 많고 이동 거리가 늘어나면서 수송량은 급격히 줄어드는 경향을 보인다. 화물의 경우에는 20~40km 구간에서 수송량이 가장 많으며, 역시 이동 거리가 늘어나면 수송량은 빠르게 줄어든다.

이러한 거리조락 패턴은 전국의 이동 거리 분포에서 이미 드러났던 바와 크게 다를 바가 없으며, 다만 전국 국유철도의 경우보다 이동 범위가 훨씬 더 좁았다는 점만 차이라고 말할 수 있다. 장항선과 대구선에서의 여객 및 화물 이동 거리가 전국 국유철도의 그것에 비해 크게 짧은 것에는 두 가지 설명이 가능

표 III-7
장항선의 여객과 화물 이동 거리, 1925

거리(km)	장항선 합계		천안역 출발·도착		온양온천역 출발·도착	
	여객(%)	화물(%)	여객(%)	화물(%)	여객(%)	화물(%)
20km 미만	52.1	10.7	52.6	15.5	56.2	12.3
20~40km	15.3	16.7	15.0	31.5	14.3	16.1
40~60km	6.1	4.4	21.2	40.4	3.2	0.6
60~80km	3.0	1.4	11.2	12.6	1.0	0.3
환승, 환적	23.6	66.8	-	-	25.3	70.7
합계	244,543명	55,289톤	55,970명	5,855톤	58,116명	7,801톤
평균 이동 거리 (환승·환적 제외)	19.0km	40.1km	27.3km	38.4km	23.0km	20.6km

표 III-8
대구선의 여객과 화물 이동 거리, 1925

거리(km)	대구선 합계		대구역 출발·도착		경주역 출발·도착	
	여객(%)	화물(%)	여객(%)	화물(%)	여객(%)	화물(%)
20km 미만	65.4	7.1	37.2	1.3	59.9	11.7
20~40km	21.5	40.5	38.5	44.4	20.8	17.7
40~60km	3.2	11.0	3.4	11.1	5.9	9.3
60~80km	3.6	11.0	8.3	12.4	12.2	53.9
80~100km	1.8	6.5	4.7	7.5	-	-
100~120km	2.6	18.0	7.8	23.3	-	-
환승, 환적	1.9	5.9	-	-	12.0	7.4
합계	530,065명	51,907톤	175,478명	40,175톤	98,648명	8,789톤
평균 이동 거리 (환승·환적 제외)	21.0km	53.4km	33.6km	58.5km	23.3km	53.5km

하다. 첫째, 사설철도가 국유철도에 비해 노선 길이가 짧고 배후지의 규모도 작기 때문에, 사설철도의 이동 거리가 짧아지는 것은 자연스런 현상일 것이다. 둘째, 사설철도에서의 이동 거리

가 짧은 것은 자료의 성격과도 관련이 있다. 유감스럽게도, 장항선과 대구선 자료에서는 환승과 환적량은 집계되어 있으나, 다른 노선으로 옮겨 탄 다음 어디까지 수송되어갔는지에 대한 정보는 집계되지 않았다. 따라서 본고에서는 장항선에서는 환승 여객과 환적 화물의 이동 거리가 적어도 70km 이상, 대구선의 경우에는 적어도 110km 이상이라는 것만 알 수 있을 뿐이어서, 평균 이동 거리의 계산에서는 환승·환적 부분을 무시할 수밖에 없었다.

표에서는 두 노선의 차이도 드러난다. 대구선의 여객과 화물 이동 거리가 장항선보다 더 긴데, 이는 전자가 후자보다 노선이 더 길고 역이 많은 것에서 연유하는 것으로 보인다. 또한 대

그림 III-13
강점기의 대구역

출처 철도청, 2003, 사진으로 보는 한국철도 100년, p.98.
주 1915년 4월에 개축된 건물로, 그 크고 화려함이 대구의 위상을 잘 말해준다. 사진촬영 시기는 미상.

구선에서는 환승과 환적량이 매우 적은 반면, 장항선에서는 환승객이 전 여객의 약 24%, 화물의 환적은 무려 67%나 된다. 이는 대구선의 배후지에는 대구라는 큰 중심지가 있고 이 밖에 하양, 경주, 울산, 포항 등의 비교적 큰 중심지들과 함께 배후지 내부의 통합이 잘 이루어져 다른 지역과의 수송 수요가 많지 않은 반면, 장항선에는 대구에 견줄만큼 큰 중심지가 없어 지역내 통합이 덜하다는 점과 관련이 있을 것이다. 더 나아가 환적 여객과 화물량의 많고 적음을 해당 지역의 자급 정도 및 외부 의존도와 관련지어 해석하는 것도 가능하다고 본다.

중심지의 역할은 표에서도 잘 엿볼 수 있다. 장항선에서는 천안이나 온양온천역의 여객과 화물 이동 분포가 장항선 전체의 분포와 그다지 큰 차이를 보이지 않는다. 비록 천안과 온양온천 등이 지역의 큰 중심지이기는 하지만 그 역할이 크지 못했다는 방증이다. 천안의 화물 수송량이 20~40km와 40~60km 구간에 더 많이 분포하는 점이 장항선 전체나 온양온천역의 경우와 다르지만, 이는 천안역이 장항선의 기점으로 경부선과도 연결되는 것과 관련이 있어 보인다. 대구선에서는 대구역의 수송량에서 편포(遍布)의 정도가 대구선 전체보다 훨씬 덜하고, 경주역도 다소 덜 편포하고 있는 점으로 미루어, 배후지역 내 멀리서도 여객과 화물을 끌어들이고 또 내보내고 있는 것을 잘 보여주고 있다. 대구와 경주 두 도시의 중심성이 그만큼 컸다는 뜻이다.

Ⅳ
철도 수송의 분포-1: 지역 및 노선의 수송량

1. 남부와 북부 지방의 철도 수송

지금까지 우리는 강점기의 철도 수송을 한반도 전체의 시야에서 바라보았다. 이제는 지리적 스케일을 지역, 철도 노선, 철도역 수준으로 차례로 좁혀가며 철도 수송의 특징을 파악하기로 한다. 이 장에서는 먼저 지역과 노선 수준의 철도 수송 양상을 다루고, 다음 장에서는 개별 역 단위의 분석을 시도한다. 분석에 쓰인 자료는 조선총독부철도국의 연보와 조선총독부의 통계연보에서 간추려 내었으며, 자료 기간은 1908~1940년이다. 이 자료에서 국유철도의 수송량은 1908년부터 집계되었지만, 사설철도의 수송량은 1915년부터 시작된다.

지역은 그 구분 방식에 따라 얼마든지 다양하게 나눌 수 있지만, 여기서는 한반도 전체의 큰 그림을 추적한다는 취지에서 북부 지방과 남부 지방으로 양분하여 살피기로 한다. 한반도 철도망은 서울을 중심으로 남과 북으로 양분하여, '남부 지방(서울 이남)' 노선[7]과 '북부 지방(서울 이북)' 노선으로 다룬다. 이런 지역 구분의 틀 안에서 다시 노선별 여객과 화물 수송량을 국유철도와 사설철도, 간선과 지선의 측면에서 다루어본다.

7 경인선과 경춘선은 서울 이남 노선으로 간주하였다.

1) 국유철도와 사설철도의 수송량

(1) 여객 수송

국유철도와 사설철도의 단위 거리당(km) 수송 여객 수의 변화(1908~1940)를 분석한 결과는 <그림 IV-1>에 요약되어 있다. 한반도 철도망의 핵심을 이루는 국유철도와 주로 지방의 교통 수요를 대상으로 놓인 사설철도의 수송량 격차는 1908~1940년 전기간을 통하여 그대로 유지되는 것을 그림에서 잘 엿볼 수 있다. 1915년에는 국유철도와 사설철도의 여객 수송 격차가 약 2천 명 수준이었지만, 시간이 갈수록 그 격차는 더욱 벌어져

그림 IV-1
국유철도와 사설철도의 단위 거리당 수송 여객 수, 1908~1940

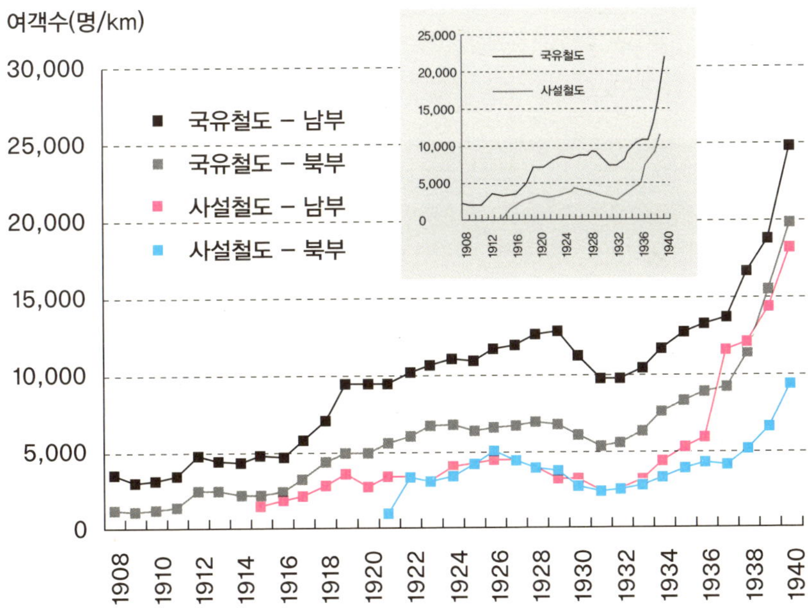

주 삽도(揷圖)는 전국의 수송량, 본도(本圖)는 남부와 북부 지방으로 나누어 수송량을 나타낸 것이다.

1940년에는 7천여 명 수준이 된다. 이러한 격차에는 사설철도의 배후지 규모가 작았던 것 말고도 기술적인 문제도 개입하였을 것이다. 사설철도는 협궤가 많았고, 따라서 표준궤보다 열차의 크기나 연결 차량의 수 등에서 차이가 나기 마련이었으므로, 수송 능력에도 격차가 생기는 것은 당연한 일이었을 것이다.

국유철도와 사설철도의 수송량 격차가 남부와 북부 지방에서는 각각 어떠한지 더 자세히 살펴보기로 한다. 남부 지방의 노선에서는 국유철도와 사설철도의 여객 수송량이 북부 지방 노선에 비해 뚜렷이 차이가 나며, 이처럼 큰 격차는 강점기 동안 그대로 유지되고 있다. 반면, 북부 노선에서는 국유철도와 사설철도의 수송량 차이는 그다지 크지 않았고, 게다가 1930년대 후반에 들어서면 양자의 차이가 거의 없어지고 심지어 사설철도 수송량이 국유철도 수송량을 조금이나마 능가하는 해도 있었다.

이러한 남·북 차이에 대해서는 다음과 같은 해석이 가능해 보인다. 사설철도가 국유철도에 비해 국지(局地) 교통을 담당하는 비중이 큰 것이 일반적인 경향이라는 점에 견주어, 서울 이남에서는 사설철도가 순수 국지 교통을 담당한 데 비해, 서울 이북에서는 비록 사설철도라 하더라도 국지 교통수단의 성격으로만 그치는 것은 아니었다고 볼 수 있다. 인구가 많은 서울 이남 지방에서는 철도 말고도 자동차 등 다른 교통수단이 비교적 많았던 반면, 서울 이북에서는 산지가 더 많은 점 등 지형적 여건과 더불어 철도에 의존도가 더 높았었을 수도 있다. 국지노선이 비록 사설철도라 하더라도 해당 지방의 핵심교통수단의 역할을 맡고 있어, 경의선, 경원선, 함경선 등 간선 국유철도에 못지않은 교통 수요를 가지고 있었을 가능성이 크다.

이런 해석을 더 연장하면, 지역 구조의 틀로 보아, 남부 지방에서는 간선 위주의 지역 구조가 이미 정착되어 간선과 지선, 즉 국유철도와 사설철도의 역할 분담이 분명하고 격차가 뚜렷이 벌어진 반면, 북부 지방에서는 자원의 개발 등 끊임없는 개발 사업으로 핵심지역과 주변지역의 격차나 구분이 그다지 뚜렷하지 못했었다고 볼 수도 있을 것이다.

(2) 화물 수송

1908~1940년간, 국유철도와 사설철도의 단위 거리당 화물 수송량 추이(‹그림 IV-2›)는 대체로 여객 수송의 경우와 비슷하다.

그림 IV-2

국유철도와 사설철도의 단위 거리당 수송 화물량, 1908~1940

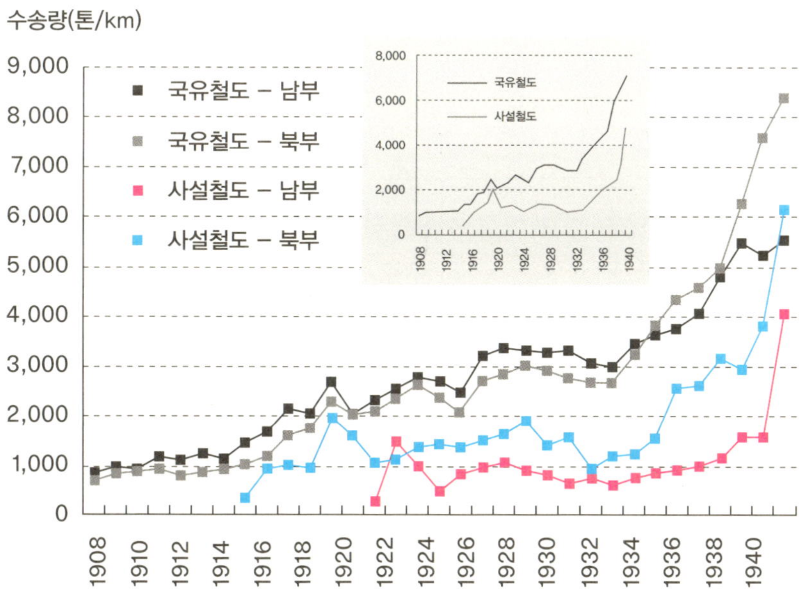

주 삽도(插圖)는 전국의 수송량, 본도(本圖)는 남부와 북부 지방으로 나누어 수송량을 나타낸 것이다.

단지 여객 수송량에 비해 연도에 따른 변화가 조금 더 심한 편이다.

단위 거리당(km) 수송 화물량의 변화를 남부 지방과 북부 지방 노선으로 나누어 더 자세히 분석해보면, 남부 지방이나 북부 지방이나 국유철도와 사설철도의 단위 거리당 수송량의 차이가 뚜렷하며, 1930년대 후반에 들어서면서 격차가 조금 줄어드는 경향을 보인다. 하지만 격차의 변화는 여객 수송에 비해 단조롭다. 남부와 북부 지방 모두 사설철도의 수송량이 국유철도의 수송량을 한 번도 넘보는 일이 없었던 것이다. 한반도의 화물 수송은 간선에 집중되었고, 지선에서는 화물 수송의 비중이 여객 수송보다 못한 경향을 띠고 있었으며, 이런 경향이 국유철도와 사설철도의 화물 수송에 차이에도 반영된 것이다.

2) 간선과 지선의 수송량

전국 철도 여객과 화물 수송량의 지리적 분포를 조금 다른 각도에서 살펴보기 위하여, 이번에는 간선과 지선으로 나누어 분석해본다. 이는 철도망으로 보아 핵심지역과 주변지역의 차이를 살피는 의미를 갖는다. 여기서 간선이란 한반도를 'ㅅ자'로 달리는 노선들로, 서울 이남에서는 경부선과 호남선, 서울 이북에서는 경의선, 경원선, 함경선이 포함된다.

전국 철도 여객과 화물 수송량에 대하여 각 노선의 비중(%)을 구한 다음, 이를 간선과 지선, 서울 이북과 이남의 노선으로 나누어 집계한 것이 ‹표 IV-1›에 요약되어 있다.

10년 간격으로 간선과 지선, 남부와 북부의 수송량 비중을

표 IV-1

간선과 지선의 교통량 구성비, 1910~1940

노선구분			여객(%)				화물(%)			
			1910	1920	1930	1940	1910	1920	1930	1940
국유철도 X자 간선	남부	경부선	58.5	33.6	24.2	17.8	36.9	28.4	20.9	13.6
		호남선	-	11.9	8.5	4.8	-	5.3	4.5	2.2
		(소계)	(58.5	45.5	32.7	22.6)	(36.9	33.7	25.4	15.8)
	북부	경의선	27.3	20.3	17.6	14.0	43.7	24.7	14.7	10.5
		경원선	-	6.5	5.8	5.3	-	7.8	8.5	8.3
		함경선	-	6.1	12.3	12.3	-	5.5	13.6	15.0
		(소계)	(27.3	32.9	35.7	31.6)	(43.7	38.0	36.8	33.8)
	X자 간선 합계		85.8	78.4	68.4	54.2	80.6	71.7	62.2	49.6
국유철도 지선	남부		12.7	15.7	15.9	15.5	11.7	10.5	13.9	9.6
	(경인선)		(9.3	4.7	3.9	2.7)	(10.4	5.5	6.7	4.1)
	북부		1.5	3.8	6.2	10.3	7.6	14.8	17.0	24.1
	기타 국유철도 합계		14.2	19.5	22.1	25.8	19.3	25.3	30.9	33.7
사설철도	남부		-	-	4.6	4.5	-	-	2.1	2.4
	북부		-	2.1	5.0	15.5	-	3.1	4.9	14.3
	사설철도 합계		-	2.1	9.6	20.0	-	3.1	7.0	16.7
전국 합계			100.0	100.0	100.0	100.0	100.0	100.0	100.0	100.0

살펴보면, 1910년에는 철도시대의 초기였으므로 경부선과 경의선, 즉 국유철도 간선이 한반도에서 사람과 화물 수송을 사실상 전담하다시피 했었다. 두 간선의 수송량을 합하면 사람과 화물 모두 80%를 넘는 수준이었고, 지선의 비중은 1/5 미만에 불과했다. 여객 수송에서는 남부의 경부선과 지선의 비중이 3/4으로 북부의 1/4을 압도하였고, 반대로 화물의 경우에는 남부와 북부 노선의 수송량 비중이 거의 비슷하였다.

1910년대 이래 국유철도와 사설철도 모두 지선이 꾸준히 신설되면서 여객과 화물 수송에서 지선의 비중은 점차 늘어나, 1940년에 이르면 X자 간선의 비중이 여객과 화물 모두 약 1/2 수준으로 줄어드는 대신, 지선의 비중이 나머지 절반을 차지하게 된다. 한반도 철도 수송에서 국지 교통 수요의 비중이 그만큼 늘어나게 되었다는 뜻이다. 이런 현상은 특히 북부 지방의 화물 수송에서 뚜렷하여, 지선의 비중이 놀랍게 증가하였다. 이에 따라 한반도에서 서울 이북의 철도 노선들은 화물 수송으로, 남부 지방 노선들은 여객 수송에 더 치우쳐, 남·북간 철도의 성격이 뚜렷이 나뉘게 되었다.

2. 노선별 수송량

지금까지 남부와 북부 지방, 그리고 Ⅹ자 간선과 지선 등으로 수송량의 지리적 분포를 거시적으로 살펴보았으므로, 이제는 분석 수준을 한 단계 더 낮추어 개별 노선 수준의 수송량을 분석하고 지리적 특징을 파악해보기로 한다. 모든 노선을 한꺼번에 분석하는 것은 오히려 혼란만 키우게 될 우려가 있기 때문에, 국유철도 간선, 국유철도 지선, 그리고 사설철도의 세 부분으로 나누어 고찰한다.

철도 노선 가운데 운행을 시작한지 5년이 채 못 되는 노선들은 분석에서 제외하였다. 이는 역사가 짧은 노선에서는 수송량에 변동이 심하여 해당 노선과 다른 노선을 비교하는 데 무리가 따르기 때문이다. 일반적으로 철도 노선은 전 구간이 한 번에 개통되는 일은 드물다. 특히 노선이 길수록 여러 구간으로 나누어 차례로 건설하게 되고, 공사를 마치는 대로 해당 구간에서 영업을 시작하게 된다. 노선의 전 구간이 개통되려면 짧게도 몇 년, 길게는 십여 년씩 걸리기도 하였으므로, 전통 시점까지는 수송량이 계속 급증하거나 기복이 심해지기 쉽다.

1) 간선의 수송량 비교

먼저 Ⅹ자 간선에 해당하는 경부선(서울~부산), 호남선(대전~목포), 경의선(서울~신의주), 경원선(서울~원산), 함경선(원산~회령)과 우리나라에서 가장 먼저 운행을 시작한 경인선(서울~인천)의 단위 거리당 수송 여객 수와 화물량을 살펴보면 각각 ‹그림 IV-3›, ‹그림 IV-4›와 같다. 노선의 수송규모를 총 여객 수나 화물량으로 비교하는 대신 단위 거리당 여객 수나 화물량으로 환산하여 비교하는 이유는 노선의 길이가 각기 달라서 총량으로 직접 비교하는 것은 큰 의미가 없기 때문이다. 또 경인선을 국유 철도 지선에서 다루지 않고 간선에 포함시킨 이유는 황해안의 관문 인천과 서울을 잇는 전략적 중요성, 그리고 교통량이 워낙 많아 X자 간선과 비교할 필요가 있기 때문이었다.

그림에서 드러나는 가장 두드러진 특징은 경인선의 수송량이 다른 간선을 모두 제칠 만큼 많고, 또 그 증가세 역시 다른

그림 IV-3
간선 철도의 단위 거리당 수송 여객 수, 1908~1940

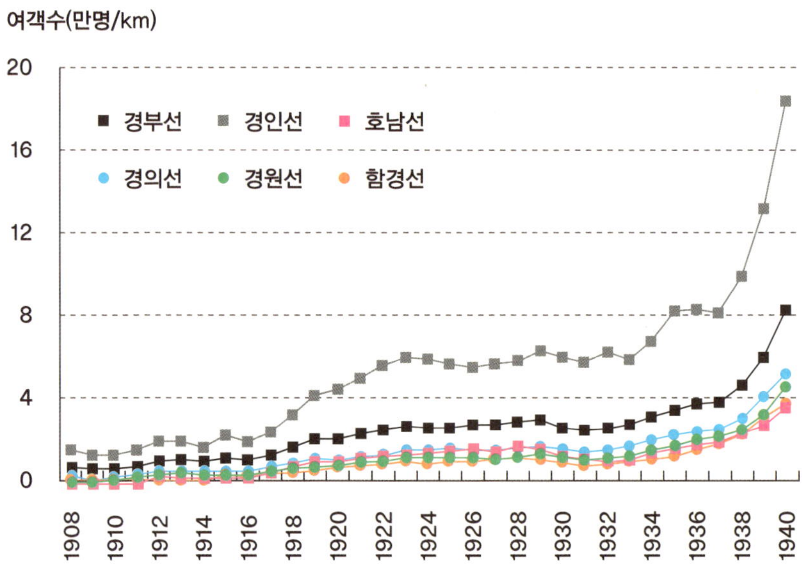

그림 IV-4
간선 철도의 단위 거리당 수송 화물량, 1908~1940

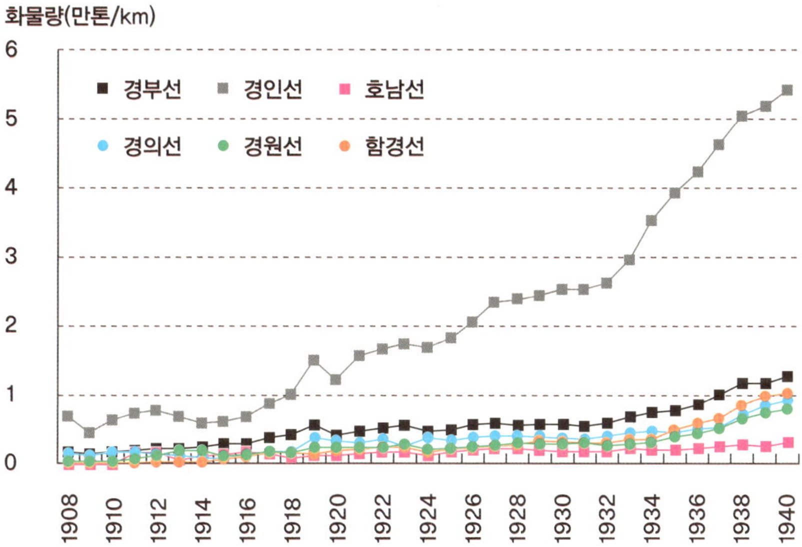

간선들보다 가장 앞선다는 점이다. 경부선과 경의선은 수송 여객과 화물 총량에서는 경인선보다 훨씬 앞서지만, 이는 노선의 길이가 길고 중간에 요역(要驛)이 많은데서 비롯된 것이며, 단위 거리당 수송량으로 환산하였을 때에는 그림과 같은 놀라운 결과를 얻게 되는 것이다. 경인선은 우리나라 철도 역사상 가장 먼저 도입된 노선으로서, 비록 X자 간선에 들지는 못하지만 그 의미가 큰 노선이라 할 수 있다. 일반적으로 어떤 교통수단이 도입되면, 시간이 흐르면서 그 수송량은 늘어난다고 말할 수 있다. 게다가 노선의 길이는 짧지만 서울과 그 관문인 인천을 잇는 노선이므로 여객과 화물 수송 수요가 적지 않았을 것이며, 철도경영 측면에서 보면 가장 영업이익을 많이 내는 노선이었을 것으로 짐작된다.

둘째, 간선은 대체로 두 계급으로 나뉘는 듯하다. 경부선이 여객과 화물 수송 모두 으뜸이며, 호남선, 경의선, 경원선, 함경선이 그 다음 서열을 이루고 있다. 남부의 호남선은 화물 수송량이 간선 가운데에서는 가장 적고, 증가율도 가장 미약하다. 흔히 생각하듯이 호남선이 한반도의 곡창을 지나는 노선이므로 농산물 등의 수송량이 많았을 것으로 보기 쉬우나, 실제로는 다른 지방에 비해 철도화물 수송 수요가 적었음을 보여주는 중요한 단서이다.

X자 간선 사이에서도 격차 내지 계층성이 나는 것은 다른 문헌에서도 찾아볼 수 있다. 박천홍(2003)은 “경부선, 경의선과 경원선, 호남선 사이에 노골적인 차별이 있었다”고 지적하면서, 그 사례로 “경원선과 호남선은 열차 운행횟수가 적고 운행속도도 떨어졌으며, 경부선과 경의선에서 오래 써서 닳은 차량을 그리로 보냈고 청소도 제대로 하지 않아 불결하기 짝이 없었다”고 적고 있다(p.99). 나아가 그는 동아일보에서 호남선과 경원선에 대한 차별을 비판한 1920년 4월 19일자 사설을 언급하고 있다. 그의 글에 실린 사설의 일부를 인용하면 아래와 같다.

> “경부선과 경의선 다음으로 제일 연장이 길고 승객이 많은 경원선과 호남선의 열차 운전에 대하여 불완전한 일도 많고 친절치 못한 일도 많아 여객편의 불평이 비상한 중에도, 경의선과 경부선은 외국인과 일본인이 많이 타는 고로 친절하게도 하지마는, 경원선과 호남선은 거의 조선사람만 타니까 개량도 아니하고 친절히도 하여주지 아니한다고 조선사람의 철도에 대한 불평이 점점 높아가는 모양인데. . . .똑같은 기차삯을 내

는데 어찌하면 철도길이 다르냐고 이와 같이 차별을 하는가 하는 생각이 자연히 승객의 마음에 일어난다." (박천홍, 2003, pp.99~100)

2) 국유철도 지선의 수송량 비교

분석 대상에 오른 국유철도 지선은 서울 이남에서는 경전선(삼랑진~진주), 전라선(이리~여수), 광주선(송정리~순천), 대구선(대구~포항)[8], 동해남부선(부산~경주), 군산선(군산~이리)의 6개선이며, 서울 이북에서는 평남선(평양~진남포), 평원선(서포~고원), 만포선(순천~만포), 동해북부선(안변~양양), 백무선(백암~무산), 혜산선(길주~혜산진)의 6개선이다. 비록 처음에는 사설철도로 시작하였더라도 나중 국유철도에 편입된 노선들도 국유철도로 간주하였다. 중앙선(경경선)은 1938년에 비로소 서울 청량리에서 경상북도 영천까지 개통되어, 그 수송량 통계에 높은 신뢰도를 줄 수 없었기에 이 분석에서는 제외되었다. 중앙선을 제외한 국유철도 지선들의 km당 수송 여객 수와 화물량의 연도별 동향을 분석한 결과는 ‹그림 IV-5›와 ‹그림 IV-6›에 요약되어 있다.

8 경주(서악)~울산 구간은 국유화 이후 동해남부선에 편입되었다.

9 전라선과 광주선에서 일부 연도(1927~1931)의 여객 수송량에 기복(起伏)이 매우 심한 것을 볼 수 있다. 그 이유는 장차 자세히 추적하여 밝혀야 하겠지만, 두 노선의 일부 구간이 시기를 달리하여 국유화되면서 수송 통계가 다르게 잡히는 등의 상황과 관련이 있을 것으로 보인다. 즉 해당 노선에서 실제 수송량에 부침(浮沈)이 있었다기보다는, 단순히 통계상의 변동에 불과한 것으로 보인다.

그림 IV-5
국유철도 지선의 단위 거리당 수송 여객 수, 1908~1940

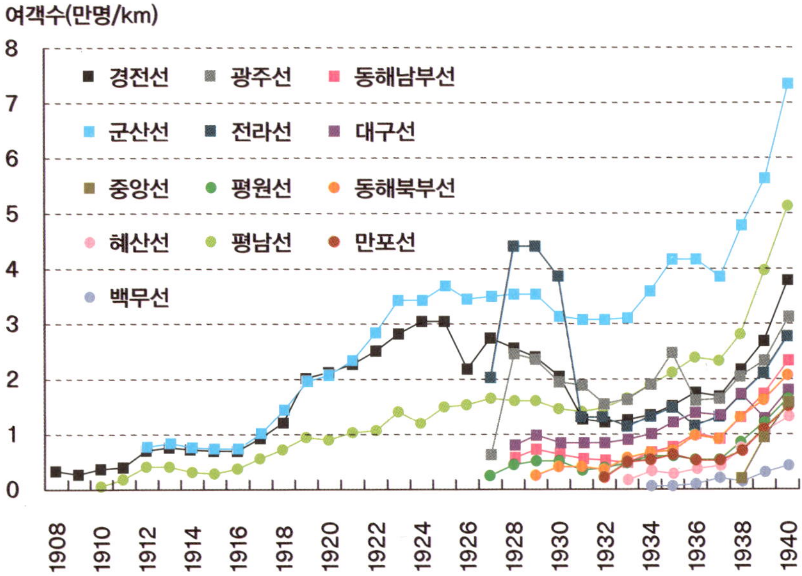

그림 IV-6
국유철도 지선의 단위 거리당 수송 화물량, 1908~1940

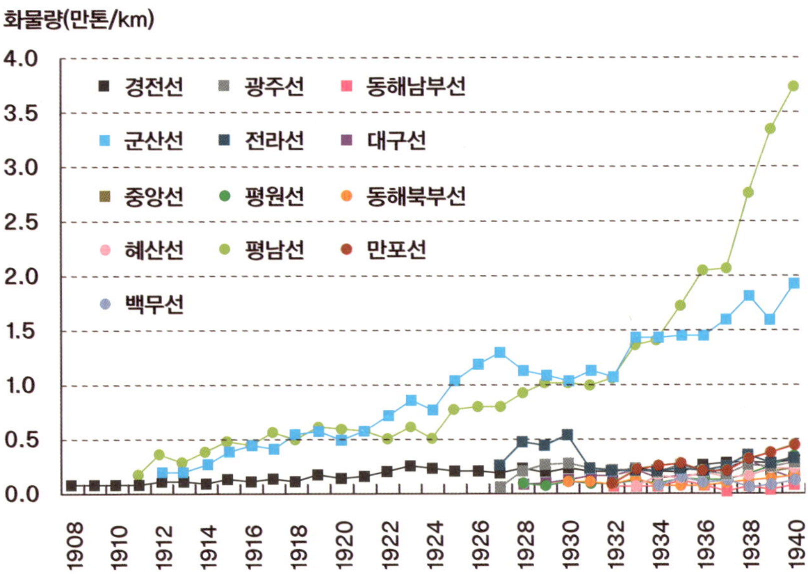

여객 수송의 경우, 국유철도 간선에서처럼, 역시 노선 간 뚜렷한 차이를 확인할 수 있다. 전 지선 가운데 군산선이 압도적인 우위를 차지하고, 그 다음 북부 지방의 평남선과 평원선, 남부 지방에서는 전라선과 광주선의 여객 수송량이 많은 편이다[9]. 여타 지선들이 그 다음 서열을 이루고, 혜산선의 여객 수송량이 가장 적다. 군산선이 지선들 가운데 가장 두드러지는 것은 경인선의 경우와 비슷하게 서해안의 관문으로서 기능한 데서 그 이유를 찾을 수 있다. 북부 지방에서 평남선(평양~남포)이 다른 지선들을 압도하는 것 역시 남포(진남포)가 평야의 외항인 점과 관련이 클 것이다.

화물 수송에서도 상위 3개 노선과 하위 노선들 사이의 수송량 편차가 (여객 수송의 경우보다 더) 두드러진다. 상위 3개 노선의 수송량을 순서대로 열거하면, 경전선, 평남선, 군산선의 순이며, 경전선이 한반도 남부의 주요 항구와 농업지대를 지난다는 점에서, 군산선과 평남선은 각각 호남선과 경의선을 서해안의 항만도시에 연결해주는 역할을 한다는 점을 그 특징으로 꼽을 수 있다.

지선들의 수송량 경향을 종합하면 몇 가지 뚜렷한 특징을 찾아볼 수 있다. 첫째, 앞에서 언급한 서해안~내륙 간선 연결노선과 다른 지선들의 수송량 편차가 여객 보다는 화물 수송에서 더 두드러진다는 점이다. 화물 수송이 일부 노선에 편중되었다는 것은 화물 수송 수요, 즉 자원과 산업의 분포가 지리적으로 편중되어 있었으며, 다른 노선들의 화물 수송 역할은 미약했음을 보여주는 단서이다. 반면 여객 수송 측면으로 보면, 한반도의 철도 노선들이 간선이냐 지선이냐 하는 지위나 배후지의 지역적 위치 등을 불문하고, 철도가 해당 지역의 사람 통행 수단으로서 자리 잡아가는 단서로 보아도 무방할 듯하다. 둘째, 대체로 긴 노선일수록 단위 거리당 수송량도 많은 경향을 볼 수 있다. 노선이 길면 철도 노선을 중심으로 통합되는 정도도 그만큼 커진다는 것을 보여주는 대목이다. 셋째, 여객과 화물은 그 수송량 증가 양상에 뚜렷이 차이를 보인다. 여객은 노선을 불문하고 모두 증가 추세, 특히 1930년대에 급증 추세를 보이는 데 비해, 화물은 경전선, 평남선, 군산선 등 일부 노선에서만 급증 경향을 보이며 다른 노선들의 수송량 증가는 미약하다.

3) 사설철도 지선의 수송량 비교

남부 지방에서 수인선(수원~인천), 경북선(김천~안동), 충북선(조치원~충주), 장항선(천안~장항)의 4개 노선, 북부 지방에서는 황해선[10], 금강산선(철원~내금강), 함북선(도문선, 회령~온성~나진(웅기))의 3개 노선이 분석되었다. 사설철도도 국유철도의 분석과 마찬가지로 개통된 지 5년 미만인 노선들은 분석에서 제외하였다[11]. 노선 운행 역사가 짧아 통계상의 기복이 심한 것

10 황해선은 황해도 일대에 놓인 조선철도주식회사 소속의 여러 노선을 합쳐 부르는 이름이며, 해주선 (상해~해주, 현재 북한의 황해청년선), 장연선 (사리원~장연, 현재 북한의 은파선), 배천선 (토성~해주), 옹진선 (해주~옹진)을 포함한다.

11 분석에서 제외된 노선은 남부 지방에서 경춘선 (1939년 개통), 삼척선 (또는 삼철철도, 묵호~도계, 1940년), 수려선 (수원~여주, 1937년)이며, 북부 지방에서는 다사도선 (신의주~다사도 및 남시~양시, 1940년), 남포~용강온천선 (조선평안철도, 1938년), 단풍선 (단풍철도, 단천~홍군리, 1939년), 평북선 (평북철도, 정주~수풍동, 1939년), 북청선 (신성천~북청, 1939년), 아오지~오봉선 (조선석탄공업철도, 1939년), 북선척식선 (고무산~무산, 1940년) 등이다.

이 분석에 잡음을 일으킬까 우려해서이다. 사설철도들은 대체로 국유철도의 경우보다 늦게 개통되었기 때문에, 자료의 분석기간은 1920~1940년의 21년간으로 조금 짧다.

사설철도의 수송량에 관한 자료는 국유철도 자료와 조금 다른 점이 있기에 해설이 필요하다. 국유철도 수송량 분석에는 각 역의 승차·하차 여객 수 및 발송·도착 화물량(조선총독부철도국 연보)을 각 노선별로 합산한 자료를 사용하였다. 이에 반해 사설철도는 (한두 해분 자료를 제외하고는) 매년 각 역에 대한 이러한 상세한 자료가 없고, 단지 노선별 여객 수와 화물량 합계만 사용 가능하다. 따라서 국유철도 노선의 수송량 합계는 사설철도 수송량 합계보다 조금 더 많게 집계될 수밖에 없다. 전자는 승차와 하차, 발송과 도착량을 모두 합산하였으므로, 환승이나 환적이 아닌 경우에는 중복 집계의 가능성이 있는 것이다. 두 자료를 비교해 본 바로는 국유철도 자료가 여객 수송량은 대체로 2배에 가깝고, 화물 수송량은 거의 비슷하거나 약간 많은 수준이었다. 이는 여객은 같은 노선에서 타고 내리는 것으로 통행이 끝나는 경우가 많았던 반면, 화물의 경우에는 한 노선에서 실린 화물이 다른 노선으로 환적(煥積)되는 경우가 적지 않았음을 시사하는 것이다[12].

12 국유철도 자료에도 사설철도의 집계 방식처럼 노선의 수송량 합계 자료도 있다. 그러나 이 자료는, 공교롭게도 핵심 간선인 경부선, 경의선, 호남선에서 지선 수송량까지 본선(本線) 수송량에 포함시키고 있어, 노선 비교에 그리 적합하지 못하다. 경부선의 경우 경인선과 삼랑진~마산선, 1939~1940년분에는 심지어 경북선까지 수송량을 합산하고 있으며, 경의선은 평양~남포선 및 겸이포선 등 여러 지선의 수송량을 포함하고 있고, 호남선에도 군산선 수송량이 포함되어 있다. 철도국의 관점에서 지역별 수송량을 나타내기 위하여 본선과 지선의 수송량을 합산하여 통계집에 실은 것으로 보인다.

그림 IV-7
사설철도의 단위 거리당 여객 수송량, 1920~1940

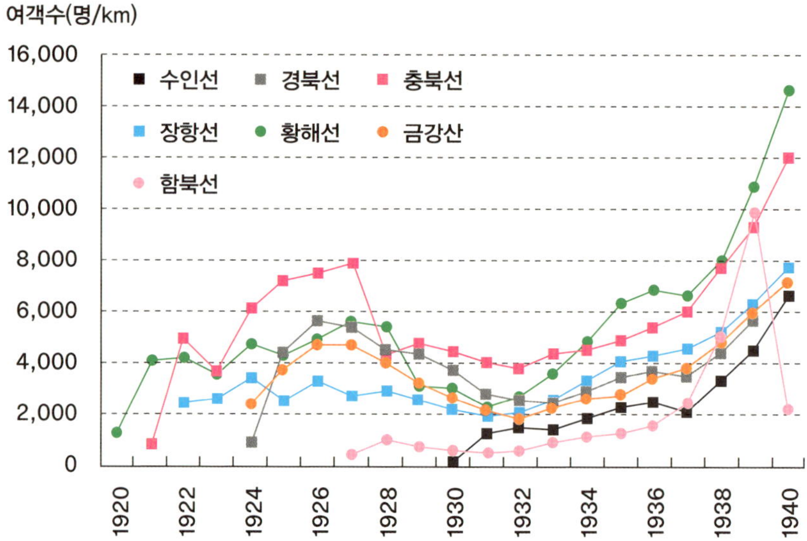

그림 IV-8
사설철도의 단위 거리당 화물 수송량, 1920~1940

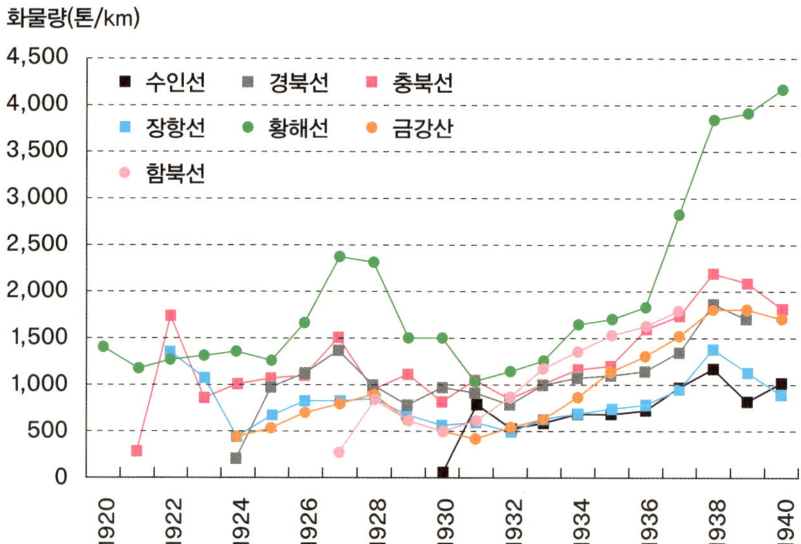

사설철도의 단위 거리당 여객 및 화물 수송량을 분석한 결과는 <그림 IV-7>과 <그림 IV-8>에 요약되어 있다. 위에서 설명한 바와 같이 그림에서 사설철도의 수송량은 국유철도의 수송량과 직접 비교할 수는 없다는 점을 유념할 필요가 있다.

사설철도 노선들은 그 개통 시기가 조금씩 다르고 수송량이 다소 들쭉날쭉하기는 하지만, 순위는 대체로 안정된 경향을 보인다. 개통 시기가 이를수록 수송량이 많으며, 그 순위가 전 기간을 통해 유지되고 있는 것이다.

분석기간 20여년 동안의 변화는 국유철도의 증감 추세와 크게 다르지 않았다. 1920년대에는 여객과 화물 수송이 증가하였다가, 1920년대 말~1930년대 초에는 일시 감소하며, 1930년대 중엽부터는 다시 증가 추세로 돌아서고 있다. 화물 수송은 여객 수송보다 연도에 따라 수송량 기복이 더 심한데, 이는 각 노선 배후지 안팎의 교통 수요와 여건 변화 등에 영향을 받은 결과로 보인다.

4) 철도 노선의 수송량 순위

지금까지 한반도의 철도 노선들을 국유철도 간선과 지선, 사설철도로 나누어 살펴보았으므로, 이를 종합하여 전 노선의 수송량 순위를 조감해본다. 이를 위하여 분석기간의 마지막 연도인 1940년을 대상으로 국유철도와 사설철도의 km당 여객과 화물 수송량을 비교하였다[13]. 지면상 모든 연도에 대해 같은 분석을

13 경북선은 1939년 자료를 분석에 사용하였다. 이 노선은 1939년에 국유철도에 매수되어, 1940년 수송량 자료를 구할 수 없었기 때문이다.

그림 IV-9

노선의 단위 거리당 여객 수송량과 순위, 1940

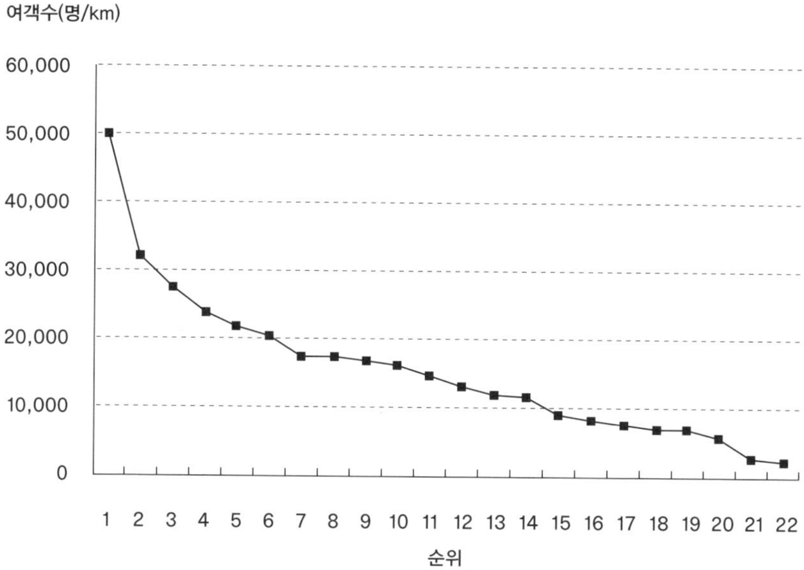

노선 순위 1: 경부선, 2: 경의선, 3: 경원선, 4: 호남선, 5: 경전선, 6: 함경선, 7: 광주선, 8: 대구선, 9: 동해남부선, 10: 전라선, 11: 황해선, 12: 평원선, 13: 충북선, 14: 동해북부선, 15: 만포선, 16: 혜산선, 17: 장항선, 18: 금강산선, 19: 수인선, 20: 경북선, 21: 백무선, 22: 함북선

반복할 수는 없으므로 마지막 해만 다룬 것이다. 분석 대상은 국유철도와 사설철도를 합하여 22개 노선이다. 전술한 바와 같이, 이 노선별 수송량 합계 자료에는 경부선에는 경인선과 경전선(삼랑진~마산 구간)의 수송량이 합산되어 있고, 경의선에는 평남선과 겸이포선을 비롯한 여러 지선 수송량이, 호남선에는 군산선의 수송량이 각각 합산되어 있다.

간선과 지선의 수송량을 대조하면 지선 중 수송량이 가장 많은 노선의 수송량은 간선 가운데 수송량이 중간쯤 되는 노선과 대체로 비슷한 수준이다. 또한 사설철도 노선의 수송량은 국유

그림 IV-10
노선의 단위 거리당 화물 수송량과 순위, 1940

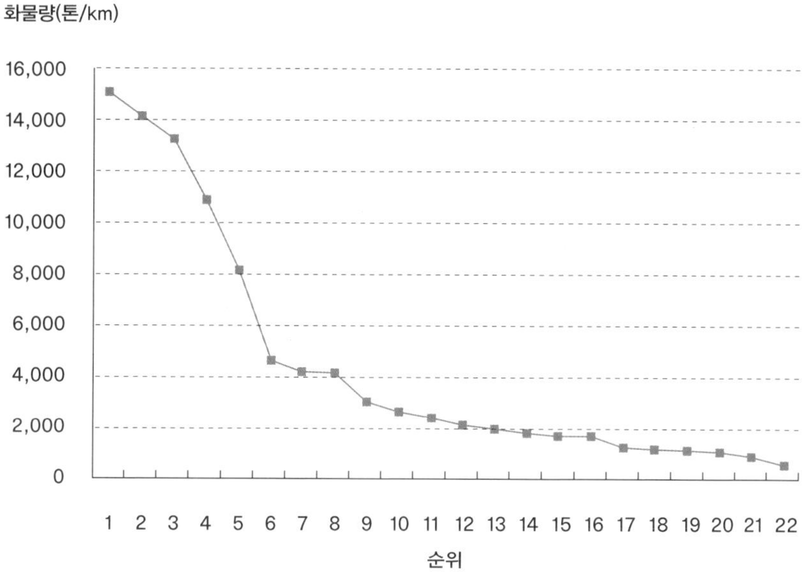

노선 순위 1: 경부선, 2: 경원선, 3: 경의선, 4: 평원선, 5: 함경선, 6: 호남선, 7: 만포선, 8: 황해선, 9: 혜산선, 10: 광주선, 11: 전라선, 12: 경전선, 13: 대구선, 14: 충북선, 15: 경북선, 16: 금강산선, 17: 동해남부선, 18: 백무선, 19: 동해북부선, 20: 수인선, 21: 장항선, 22: 함북선

철도 지선 가운데 수송량이 중~하위인 노선과 대체로 비슷하다. 이러한 분석 결과를 종합하면 ‹그림 IV-9› 및 ‹그림 IV-10›과 같다.

여객 수송량-순위 분포도(‹그림 IV-9›)에서는 5개의 계층이, 화물 수송량-순위 분포도(‹그림 IV-10›)에서는 6개의 계층이 드러난다. 여객 수송에서는 경부선, 경의선, 경원선이 단위 거리당 수송량에서 최상위 노선이며, 호남선, 경전선, 함경선이 그 다음 서열을 차지한다. 화물 수송량-순위 분포에서는 북부 지방 노선의 지위가 단연 높다. 비록 경부선이 1위를 차지하고는 있지만,

2~5위가 경원선, 경의선, 평원선, 함경선으로 모두 북부 노선들이다. 그 다음 서열에서도 호남선(6위) 다음에는 만포선(7위), 황해선(8위), 혜산선(9위) 등으로 북부 지방의 노선들이 대부분을 차지한다.

우리는 앞에서 경인선, 평남선, 군산선이 비록 지선이기는 하지만 단위 거리당 수송량이 본선(本線)의 수송량을 훨씬 능가하는 것을 확인한 바 있다. 단지 조선총독부 자료의 한계 때문에 수송량-순위 그래프에는 나타낼 수 없었을 뿐이다. 1910년부터 1940년까지 10년 간격으로 경부선, 경의선, 호남선과 그 지선들의 수송량 및 순위를 파악하면 ‹표 IV-2›와 같다. 표에서 보는 것처럼, 경인선(1910년 29.6km, 1925년 이후 31.2km), 군산선(1913년 23.0km, 1935년 이후 24.7km), 평남선(55.2km)은 비록 그 노선 길이는 짧지만 단위 거리당 수송량에서는 해당 노선이 운행을 개시한 연도부터 줄곧 본선들을 제치고 상위에 올라 있다. 단지 평남선만 1910년 한 해에 한하여 경의본선보다 수송량이 작았을 뿐이다.

이러한 노선 수송량-순위 분포와 제1항, 제2항, 제3항의 분석 결과를 종합하면, 강점기 말(1940)을 기준으로 각 노선의 수송량 서열은 다음과 같이 요약할 수 있을 것이다. 단, 이는 한 해의 수송량으로 서열을 가린 것이므로, 1940년이 아닌 다른 해 자료를 사용한다면 그 서열이 조금 달라질 수도 있음을 유념해야 한다.

여객 수송

1계차 경인선

2계차 경부선, 군산선

3계차 평남선, 경의선, 경원선

표 IV-2

경부선, 경의선, 호남선과 그 지선들의 단위 거리당 수송량 및 순위, 1910~1940

단위 거리당 수송 여객(명/km)								
순위	1910		1920		1930		1940	
	노선	수송량	노선	수송량	노선	수송량	노선	수송량
1	경인선	12,684	경인선	43,215	경인선	58,837	경인선	183,220
2	경부선	5,379	군산선	20,801	군산선	31,255	경부선	82,539
3	경의선	2,065	경부선	20,318	경부선	25,124	군산선	73,021
4	평남선	634	호남선	11,964	경의선	15,202	평남선	51,118
5	-		경의선	10,443	평남선	14,655	경의선	51,084
6	-		평남선	8,901	호남선	14,334	호남선	36,266

단위 거리당 수송 화물(톤/km)								
순위	1910		1920		1930		1940	
	노선	수송량	노선	수송량	노선	수송량	노선	수송량
1	경인선	6,021	경인선	11,925	경인선	25,268	경인선	54,032
2	경의선	1,520	평남선	5,684	군산선	10,259	평남선	37,319
3	경부선	1,425	군산선	4,820	평남선	9,982	군산선	19,227
4	평남선	316	경부선	4,069	경부선	5,414	경부선	12,385
5	-		경의선	3,149		3,437	경의선	9,143
6	-		호남선	1,330	호남선	2,067	호남선	3,281

자료 조선총독부철도국 연보 각 연도.
주 밑줄 친 노선은 지선(支線)을 가리킴.

4계차 호남선, 경전선, 함경선
5계차 광주선, 대구선, 동해남부선, 전라선,
충북선, 황해선, 평원선, 동해북부선
6계차 경북선, 장항선, 수인선, 만포선, 혜산선,
금강산선, 백무선, 함북선

화물 수송

1계차	경인선
2계차	평남선
3계차	군산선
4계차	경부선, 경의선, 함경선, 경원선, 평원선
5계차	호남선, 만포선, 황해선
6계차	광주선, 전라선, 경전선, 충북선, 대구선, 경북선, 혜산선, 동해북부선
7계차	동해남부선, 장항선, 수인선, 백무선, 동해북부선, 함북선

지금까지의 분석에서 드러난 결과는 다음과 같이 종합해 볼 수 있을 것이다. 우선 경인선이 한반도의 모든 노선 가운데 단위 거리(km)당 수송량, 즉 수송 밀도가 단연 높다는 점이 밝혀졌다. 비록 노선이 길이는 30여 km에 불과한 짧은 것이었지만, 서울의 외항인 인천을 연결할 뿐 아니라 연변에 영등포 등 주요 공업지대가 입지하고 있었다는 점 등이 복합적으로 작용한 듯하다. 둘째, 경의선의 지선인 평남선과 호남선의 지선인 군산선의 수송밀도가 본선을 능가할 정도로 높았던 점도 경인선과 같은 맥락의 설명이 가능하다. 셋째, (경인선, 평남선, 군산선을 제외하면) 여객과 화물 수송 모두 대체로 X자 간선의 서열이 가장 높고, 국유철도 지선이 그 다음 서열을 이루며, 사설철도 노선들이 일부 국유철도 지선과 함께 최하위 서열을 차지하는 구조를 띠고 있다. 넷째, 남부 지방의 노선이 여객 수송에, 북부 지방의 노선은 화물 수송에 더 치우치고 있었다. 남부 지방의 노선들은 여객 수송에서 대체로 중위 계차에 많이 분포하는 반면, 화물 수

송에서는 대부분 하위 계차에 속하고 있다. 이에 비해 북부 지방의 노선들은 전 계차에 비교적 골고루 분포하고 있다.

3. 화물 수송

여객은 탑승 요금에 따라 1, 2, 3등급으로 나누는 것이 고작이지만, 화물은 그 종류가 워낙 다양하고 각 노선마다 실리는 종류와 양이 각각 다를 수 있다. 더구나 화물의 종류와 양은 해당 노선의 배후지(hinterland)와 지향지(foreland)의 경제 상황과 그 변화에 민감하게 반응한다. 따라서 노선별 화물의 종류와 수송량을 분석하는 것은 지역의 사정을 면밀히 들여다보는 수단이 되므로, 그 의의가 작지 않다. 이 절에서는 먼저 한반도 화물 수송의 시계열 변화를 분석하여 강점기의 경제 상황을 거시적으로 살핀 다음, 노선별 주요 화물을 밝혀 특화 여부를 파악해 본다.

1) 강점기의 화물 수송 동향과 산업구조

(1) 화물 종류별 수송량, 1910~1944

분석에 쓰인 자료는 선교회의 한반도 철도망 전체의 화물 수송량으로, 부문별 수송량을 1910년에서 1944년까지 4년 간격으로 집계한 것이다. 이해의 편의를 위하여 각 년도의 수송량은 1910년을 기준으로 삼아 지수(指數)로 환산하여 <표 IV-3>에 실었다.

철도화물 전체로 보면, 1910년 이래 강점기 말까지 그 수송량은 38.8배나 증가하였다. 1910년대와 1920년대에는 증가세가 그리 가파르지 않았으나, 1930년대 후반기부터 급증세를 띠기

표 IV-3
철도화물의 종류별 수송량 지수, 1910~1944

수송량 지수(1910년 기준)							
연도	농산물	임산물	수산물	광산물	공산품	기타	합계
1910	100	100	100	100	100	100	100
1914	189	145	240	159	159	116	152
1918	422	331	649	274	541	233	332
1922	517	631	551	377	668	446	483
1926	936	624	786	528	1,159	404	641
1930	886	710	701	714	1,515	524	745
1934	1,129	987	1,066	1,220	2,080	450	964
1938	1,288	1,856	1,303	2,538	3,909	1,103	1,747
1942	1,471	3,549	1,837	5,665	3,432	2,999	3,279
1944	1,396	2,569	2,655	6,638	3,907	4,161	3,880

자료 선교회, 1986, ‹조선철도사›

시작하였다. 그만큼 경제 규모가 커지고 화물 수송 수요가 늘어났다는 것을 뜻한다.

철도화물을 종류별로 세분하여, 그 구성비와 수송량의 증가 상황을 살펴보면 다음과 같다. 1910~1944년간 수송량의 변동을 보면 광산물이 가장 두드러진다. 광산물은 기준년(1910년)에 비해 66.4배나 수송량이 증가하였으며, 특히 1930년에 들어와 그 수송량이 급증하는 추세를 보인다. 광산물 다음으로는 '기타' 품목과 공산품이 각각 41.6배와 39.1배 증가하였으며, 그 다음 수산물과 임산물이 각각 26.6배와 25.7배의 증가율을 보이며, 농산물이 14배로 증가율이 가장 낮다. 공산품은 광산물과 마찬가지로 1930년대에 급증세를 띠었으나, 이후 정체하는 경향을 보이고 있다. 이것은 '기타' 품목에도 일부 공산품이 포함되어 일어난 통계상의 잡음인지, 실제 공산품의 수송량이 1930년대 말 이래 답보 상태에 있었던 것인지는 분명하지 않다. '기타'로 분류된 화물의 수송량도 광물 다음으로 크게 증가하였는데, 화물의 분류기준이 해에 따라 조금씩 다르므로 그 증가 배경을 한마디로 요약하기는 어렵다.

농산물은 14배로 증가율이 가장 낮다. 농산물은 1920년대까지만 해도 수송량이 꾸준히 늘어났었으나, 1930년대에 들어와 그 증가세가 현저하게 둔화되어 일부 기간에서는 심지어 수송량이 줄어들기까지 하였다. 이는 강점기 동안 한국 경제에서 농업 부문이 차지하는 비중이 점차 줄어드는 과정을 보여주는 단서일 것이다.

화물의 부문별 구성비율의 변화를 보면 수송량의 증감 추이를 이해하는 데 더 도움을 받을 수 있다. 농산물은 1910년에는 그 구성비가 22%로 '기타' 품목(36%), 광산물(22%)와 함께 3

표 IV-4
철도화물의 종류별 수송량 구성비, 1910~1944

수송량의 구성비 (%)							
연도	농산물	임산물	수산물	광물	공산품	기타	합계
1910	22.0	8.3	4.0	21.9	7.8	36.0	100.0
1914	27.3	7.9	6.2	22.9	8.1	27.5	100.0
1918	28.0	8.3	7.7	18.0	12.7	25.3	100.0
1922	23.6	10.9	4.5	17.1	10.8	33.2	100.0
1926	32.2	8.1	4.8	18.0	14.1	22.8	100.0
1930	26.2	7.9	3.7	21.0	15.8	25.4	100.0
1934	26.2	7.3	4.4	28.1	17.0	17.1	100.0
1938	16.2	8.9	2.9	31.8	17.4	22.8	100.0
1942	9.9	9.0	2.2	37.8	8.1	33.0	100.0
1944	7.9	5.5	2.7	37.4	7.8	38.7	100.0

자료 선교회, ‹조선철도사›

대 부문을 이루었으며, 한때 32%(1926년)까지 구성비가 높아지기도 하였지만, 1930년대 이래 계속 위축되어 1944년에 이르면 8%에 채 못 미치는 수준으로 떨어지고 말았다. 반면 광산물은 1910년에 전체 수송량의 약 22%를 차지하였고, 한동안 비슷한 수준을 유지하다가 1930년대에 들어와 급증하기 시작하여 1944년에 이르면 37.4%를 차지하게 되었다. 공산품은 1910년에 8%였다가 1920년대와 1930년대에 17% 수준까지 그 비중이 늘어났으며, 이후에는 다시 8% 수준으로 되돌아가고 말았다.

광산물의 비중이 1930년대에 급증한 반면 공산품은 그 비중이 오히려 줄어든 것은 당시 일본의 만주 침략 등 전쟁과 전쟁 준비, 그리고 일본에서의 광산물 수요의 증가 등을 반영한 것으로 생각된다. 임산물과 수산물 역시 1910년대에 비해 이후 그 비중이 점차 낮아지는 추세를 보이나 그 진폭(振幅)이 그다지 크지는 않다.

(2) 한반도의 산업구조

철도화물 품목의 이러한 비중 변화는 당시 한반도의 산업구조 및 그 변화를 얼마나 반영하는 것일까? 이러한 질문에 해답을 찾기 위해 한 선행연구(김낙년, 2006, 2008)에서 추계한 강점기의 부문별 국내총생산액의 구성비와 연도별 변화를 살펴보기로 한다. 물론 부문별 철도 수송량과 국내총생산액은 반드시 일대일로 대응하는 것은 아니다. 우선 전자는 수송톤수, 후자는 금액으로 표시되므로 직접 비교에 무리가 따를 수 있다. 가령 농수산물이나 광산물은 부피가 크고 무게는 많이 나가지만 금액으로는 같은 무게의 공산품을 따라갈 수 없다. 또한 철도 수송량은 물자의 종류로 나누어 집계한 반면 국내총생산액은 산업별로 나누어 집계한 것이기 때문에 역시 부문별 수치에 차이가 날 수 밖에 없을 것이다. 이러한 문제점들을 감안하더라도, 강점기의 경제 활동을 살펴볼 자료가 태부족한 현실에서는 부문별 국내총생산액은 경제 활동의 부문별 구성과 그 변화를 살펴볼 수 있는 귀중한 자료임에 틀림없다.

강점기의 경제 부문별 국내총생산액의 구성비가 해에 따라 어떻게 달라져갔는지를 요약하면 ‹표 IV-5›와 같다. 1911년에는 농업부문이 국내총생산액의 60%를 차지하여 압도적인 지위를 보이며, 서비스업 부문이 25%로 그 다음 순으로, 농업과 서비스업 두 부문을 합하면 85%를 넘어 다른 경제 부문들의 비중은 보잘 것이 없었다. 그러나 이후 30년간 부문별 구성비가 크게 달라져, 한반도의 경제구조에 상당한 변화가 일었음을 보여준다. 1911~1940년 동안 총생산액의 구성비가 줄어든 부문은 농업과 임업이며, 광업, 제조업, 전기-가스-수도사업, 건설업, 서비스업 부문은 모두 그 비중이 늘어났다. 수산업은 유일하게 그 비중에 큰 변화를 보이지 않는다. 주로 연안어업과 양식업 수준이었고, 어획량이 획기적으로 늘어날만한 여건을 갖추지 못하였기 때문일 것이다. 1940년에 이르면, 농업과 서비스업의 구성비가 각각 33.5%와 34.8%로 그 우위를 계속 유지하기는 하지만, 광업, 제조업, 전기-가스-수도사업, 건설업의 비중도 현저하게 늘어나 비농림수산업 부문의 지위가 20세기 초에 비해 상당히 격상되었음을 알 수 있다.

화물 수송량과 국내총생산액의 부문별 비중을 비교하면, 거시적으로는 철도 수송과 경제구조 전반이 궤를 같이하고 있음을 볼 수 있다. 철도 수송량이나 총생산액에서 농업과 임업 부문의 비중이 모두 줄어드는 한편 광업 부문에서는 늘어나는 경향 등

표 IV-5
국내총생산액으로 본 경제 부문별 비중, 1911~1940 (단위 %)

연도	농업	임업	수산업	광업	제조업	전기, 가스, 수도	건설업	서비스업
1911	60.1	8.6	0.5	0.5	3.6	0.0	1.4	25.3
1915	57.1	7.3	1.1	0.8	4.9	0.1	1.3	27.6
1920	57.5	6.3	1.2	1.0	5.4	0.1	1.8	26.7
1925	52.4	6.1	1.7	1.0	6.5	0.3	2.1	29.9
1930	46.9	5.0	2.3	1.2	5.7	0.9	3.1	34.9
1935	43.9	4.4	2.2	2.2	8.5	2.6	3.4	33.0
1940	33.5	3.3	1.9	4.2	13.7	4.2	4.4	34.8

자료 김낙년, 2008. «낙성대경제연구소 Working Paper» 2008-3.

이 그 사례이다. 반면 제조업 부문에서는 1920년대까지는 철도 수송량과 국내총생산액의 비중이 함께 늘어나다가, 1930년대에 이르러서는 철도 수송량의 비중은 정체되지만 총생산액의 비중은 크게 늘어나는 경향은 서로 엇갈리는 대목이다. 화물의 무게와 금액이 서로 달라, 농산물과 광산물이 철도 수송량 비중과 국내총생산액 비중에서 차이를 보이는 점도 유념할 부분이다.

2) 화물의 종류로 본 노선의 특징

(1) 분석 자료

각 노선에는 주로 어떤 화물들이 수송되고 있었는가? 나아가 화물 수송의 측면에서 각 노선은 어떻게 특징지을 수 있을까? 이런 질문에 답을 마련하기 위해 쓰인 자료는 조선총독부철도국 연보에 실린 각 노선의 품목별 발송, 도착 화물량이다. 선교회의 자료집에서는 이처럼 상세한 통계를 싣고 있지 않다.

조선총독부에서는 국유철도에만 국한하여 자료를 집계하였으므로 본 분석도 국유철도의 화물 수송으로 국한된다. 사설철도의 화물 수송은 일부 노선 및 일부 연도는 자료가 있으나, 사설철도의 화물 수송 전모를 조감하는 데 필요한 전 분석기간, 전 노선에 걸친 자료 세트는 구하기 어려웠다.

각 노선의 품목별 수송 특징을 연도별로 일일이 살피는 것은 매우 중요한 일임에 틀림없으나, 이 연구에서는 노선의 화물 수송 특징을 밝히는 데 국한하여, 1910년대(1916~1918년의 3개년)와 이로부터 20년 뒤인 1930년대(1936~1938년의 3개년)를 살피기로 하였다. 1936~1938년은 조선총독부 자료가 허용하는 마지막 시기이다. 1936~1938년에는 전국에 16개 국유철도 노선이 운영 중이었으며, 이 가운데 경경선(지금의 중앙선)은 1938년에야 비로소 운영을 개시하였다. 1916~1918년에는 서울 이남 지방에서는 경부선(과 지선인 경인선, 경전남부선), 호남선(과 지선인 군산선), 서울 이북 지방에서는 경의선(과 지선), 경원선, 함경선의 5대 간선 뿐이었다. 따라서 1916~1918년의 화물 수송 상황을 살피는 것은 5대 간선을 분석하는 의미도 갖는다.

이 분석에서는 1916~1918년과 1936~1938년까지 3년간 품목별 수송량의 평균을 구하여 분석에 활용하였다. 어느 해에 해당 노선의 특수한 사정으로 말미암아 특정 품목의 수요가 급증하였다가 이듬해에는 그 수요가 도로 줄어들어 버리는 일이 흔히 생길 수 있다. 따라서 한 해분만을 대상으로 노선의 화물 수송 특징을 조사하면, 품목에 따라서는 왜곡이 심하게 일어날 가능성이 있으므로, 이를 방지하기 위하여 3년 평균 화물 수송량을 구하게 된 것이다.

조선총독부 자료에 제시된 수송화물의 품목 수는 해에 따라 60가지에서 75가지 정도로 상당히 많으며, 해에 따라 품목 분류 방식이 조금씩 다른 경우도 있다. 분석에 의미를 찾기 위하여 품목은 그 성격이 비슷한 것끼리 묶어 20가지 남짓으로 줄였다. 자료는 모두 톤 단위로 집계되었지만, 품목에 따라 부피와 무게가 다르고 가격도 다르다. 따라서 품목들의 성격이 비슷하다고 해서 합치는 것은 분석에 편의를 도모할 수는 있지만, 미세하나마 잃는 것도 있다. 톤당 100원 가치의 화물과 톤당 10원 가치의 화물을 그냥 무게로만 합산하는 셈이기 때문이다. 그러나 화물 품목을 비교적 세분하였으므로, 합산으로 인해 발생하는 무리는 그다지 심각할 것으로는 보이지 않는다.

(2) 1910년대와 1930년대의 화물 구성

한반도 철도망 전체의 1916~1918년과 1936~1939년 3개년 평균 발송, 도착 화물량의 품목별 구성비를 분석한 결과는 <표 IV-6>에 요약되어 있다. 각 품목의 수송 구성비를 분석하면 강점기 동안의 나라 경제와 주민들의 일상생활을 조금이나마 엿볼 수 있다.

분석 결과에 의하면, 1930년대 후반 한반도에서는 석탄류(16.3%), 쌀(10.4%), 광물류(8.9%), 목재(7.6%), 시멘트와 석회류(7.0%), 비료(6.0%)의 6대 품목이 전체 철도화물의 절반 이상(약 57%)을 차지하였다. 이들 6대 화물은 주곡인 쌀과 농사용 비료를 제외하면, 나머지는 모두 공업 연료와 원료, 건설 자재로 쓰이는 것들이다. 또한 6대 화물 이외의 품목들은 그 구성비가 매우 작으며, 기타 농산물(5.6%: 콩, 잡곡, 채소류, 과일류, 잎담배)과 철도국 용품(5.4%: 석탄, 갱목, 흙과 모래 등 건설용품)이

표 IV-6

국유철도 전 노선에서 수송된 화물의 품목별 구성비:
1916~1918년과 1936~1938년의 3개년 평균

화물		구성비(%)		비고
		1916~1918	1936~1938	
농축산물	쌀	14.6	10.4	- 쌀, 외국산 쌀
	기타 농산물	11.2	5.6	- 콩, 맥류, 조, 잡곡, 감자, 고구마, 야채류, 과일류, 잎담배
	축산물	0.5	0.3	- 소, 쇠가죽. 1938년: 말, 염소 포함
	농축산물 소계	26.3	16.3	
수산물	소금	4.9	1.7	
	기타 수산물	3.6	1.5	- 선어, 염간어, 조개류, 해조류
	수산물 소계	8.5	3.3	
임산물	숯, 땔나무	2.2	2.1	
	목재	7.4	7.6	- 1916~1918년은 대나무 포함
	임산물 소계	9.6	9.7	
광산물	석탄	12.6	16.3	- 국내탄, 만주탄, 일본탄, 연탄, 코크스
	석유류	0.7	1.3	- 석유, 휘발유, 타르
	광물	3.6	8.9	- 흑연, 기타 광물
	토석류	1.1	2.1	- 흙, 모래, 돌 및 관련 제품
	광산물 소계	18.0	28.6	
공산품-1	식료품	1.9	2.0	- 설탕, 된장, 간장, 밀가루, 주류, 음료수
	실, 옷감	1.4	0.8	- 면사, 면직물. 견사, 견직물
	토기,도자기류	1.5	0.4	- 기와, 토관, 도자기 등
	기타 생활용품	3.3	2.6	- 담배, 성냥, 종이, 가구류, 가마니, 돗자리, 끈, 약품
	공산품-1 소계	8.1	5.8	
공산품-2	금속류	1.7	2.5	- 금속, 금속기구류, 정, 아연판
	시멘트류	0.8	7.0	- 석회, 시멘트
	비료	1.4	6.0	- 유산 암모니아, 대두박, (고급)비료
	공산품-2 소계	3.9	15.5	
기타	군수품	2.0	3.4	
	철도국 용품	17.2	5.4	- 목재, 갱목, 흙과 모래, 석탄 등
	기타	6.5	12.1	- 공사용품, 기타
	기타 소계	25.6	20.8	

합계	100.0	100.0	1916~1918: 연평균 3,940,218톤 1936~1938: 연평균 20,601,056톤

주 가) 1916~1918년 분석에 포함된 노선: 경부선(경인선, 삼랑진~마산 구간 포함), 경의선(겸이포선, 평남선 포함), 호남선(군산선 포함), 경원선, 함경선의 5개 노선.
나) 1936~1938년 분석에 포함된 노선: 경부선(경인선 포함), 경의선(겸이포선, 평남선 포함), 호남선(군산선 포함), 경원선, 함경선, 경전선(삼랑진~진주), 광주선, 전라선, 동해남부선, 대구선, 중앙선, 동해북부선, 평원선, 만포선, 혜산선, 백무선의 16개 노선.
다) 중앙선의 화물 자료: 1938년 1년분에 한함.

5%를 넘을 뿐이다. 이상을 종합하면 벌크(bulk) 화물이 대종을 이루고 있어 철도 화물의 특징을 그대로 반영하고 있다. 물론 이 분석에서는 수하물(手荷物)은 포함되지 않았으므로 자료가 자연스레 벌크 화물 중심으로 집계되었던 점이 이러한 분석 결과로 귀착되었다고도 말할 수 있다.

이제 부문별로 화물의 구성비를 살펴보기로 하자. 농산물로는 쌀, 외국산 쌀, 콩, 조, 잡곡, 야채류, 무와 무청, 과일류, 목화, 잎담배 등이 통계 대상 품목으로 올라 있다. 쌀은 가장 중요한 곡물이라는 점에서 수입쌀(주로 미얀마 등) 여부를 구분하려 한 듯하나, 수입쌀의 수송 비중은 그다지 크지 않았다. 쌀 이외의 곡물 가운데에서는 콩과 조가 수입과 이동량이 많았었기에 별도 항목으로 조사된 듯하며, 채소류 중에서는 김장 등으로 소비량이 많은 무와 무청이 별도 항목으로 조사되었고, 목화와 잎담배도 당시 중요한 작물로 꼽혔던 것으로 보인다. 쌀 이외의 농산물을 모두 다 합하면 그 구성비는 전체 화물의 5.6%에 이른다.

축산물은 소, 소가죽이 조사 품목 대상이었다. 1930년대 이전 통계에는 말, 염소, 소뼈 등도 조사 품목에 들어 있었으나 1930년대에 들어오면 누락되는 것으로 보아, 그 수송량이 줄어들었거나 '기타' 항목에 합산하였을 것으로 추측된다. 여기서 소, 말, 염소라 함은 산 채로 수송한 것을 뜻한다. 축산물의 수송량은 0.3%에 불과하여, 냉장 냉동 시설이 부족하였던 당시 축산물의 수송량은 그다지 많지 않았던 것을 간접적으로 보여주고 있다. 철도의 운행시간이 지금보다 훨씬 많이 소요되었던 점을 감안할 때, 축산물의 이동 거리도 그다지 멀지는 않았을 것으로 추정된다.

임산물은 목재, 땔나무와 숯으로 나누어 집계되었으며, 목재의 구성비가 전술한 바와 같이 7.6%로 6대 화물 품목 가운데 하나를 차지할 만큼 수송량이 많았다. 땔나무와 숯의 구성비는 2.1%로 적지 않은 양이다. 석탄과 석유의 공급이 그다지 많지 않았던 시절에 주요 땔감 구실을 하던 상황이 수송통계에서도 별도 품목으로 집계되는 데 반영되었던 것으로 보인다.

수산물은 소금, 선어, 염간어, 조개류, 해조류 등으로 나누어 수송량이 집계되어 있어, 당시 소금의 중요성을 엿볼 수 있다. 소금의 구성비가 1.7%로 나머지 수산물의 합계(1.5%)보다도 더 많다.

광산물은 수송량이 가장 많아서, 석탄류(16.3%)와 광물(8.9%)이 6대 품목에 포함된다. 그 다음으로는 토석류(土石類: 흙, 모래, 돌, 돌가루, 기타 돌 제품)가 2.1%를 차지한다. 석유류는 구성비가 1.4%에 불과하여, 석유가 부족했던 시절의 상황을 잘 보여주고 있다.

공업 부문에서는 석회와 시멘트(7.0%), 비료(6.0%)가 6대 화물에 들어갈 만큼 많았으며, 다른 품목들의 구성비는 작았다. 비료는 유산 암모니아, 비료, 콩깻묵(大豆粕)이 비슷한 비율을 차지하고 있었다. 콩깻묵은 엄밀하게는 공업 제품이라 말하기 어렵지만, 통계 처리의 편의상 '비료' 항목에 함께 포함시켰다[14]. 비료의 수송 구성비가 이처럼 높았던 것으로 보아, 비록 당시에 두엄(퇴비) 등 민간에서 손수 만들어 쓰던 비료도 적지 않았겠지만, 농사에 비료가 중시되기 시작했다는 단서로 볼 수 있을 것이다. 화학비료를 가리켜 '금비(金肥)'라 불렀던 것이 당시 그만큼 비쌌다는 것을 보여주는 대목이다.

공산품 가운데 공산품-1군(경공업 제품)은 주민들의 일상생활과 직결되는 이른바 생활필수품인 경우가 많기 때문에 우리의 흥미를 끄는 대목이다. 경공업 제품의 수송 구성비는 모두 합쳐 5.8% 정도로 품목이 많은 것에 비하면 구성비는 그다지 크지 않다. 식료품(소맥분, 설탕, 간장, 된장), 주류(청주, 약주, 탁주, 소주 등)와 청량음료수가 2.0%로 가장 많고, 면사와 면직물이 0.8%, 토기와 자기가 0.4% 순이다. 기타 공산품이 2.4%로 경공업 제품군 안에서 구성비는 가장 크지만, 이는 포함된 항목이 많았기 때문이다. 기타 공산품에는 종이, 담배, 가구류(옷장, 책상, 걸상 등), 성냥, 끈, 가마니, 돗자리 등이 포함되었다. 종이, 담배, 가구류(옷장, 책상, 걸상 등), 성냥 등이 그다지 복잡한 공정을 거치지 않는 가공품이라는 점, 끈, 가마니, 자리 역시 농촌에서 부수적으로 나오는 볏짚 등을 활용한 것이고 단순 수공업으로도 만들 수 있는 제품이라는 점에서 강점기의 살림살이를 잘 엿볼 수 있다.

'기타' 품목에서는 철도국 용품이 5.4%를 차지하며, 기차 운전에 필요한 석탄, 흙과 모래 등 노선의 건설과 보수에 필요한 품목이 대부분이다. 군수품도 3.4%로 비교적 큰 비중을 차지하

14 콩깻묵은 가축사료 (심지어 식용) 등으로도 사용되었다고 한다.

고 있는데, 1930년대 후반 일본의 군사 활동이 점점 본격화되는 시기였음을 감안할 때, 이런 통계치는 실제보다 적게 집계되었을 가능성도 배제할 수는 없다.

1936~1938년의 수송 품목에 비해 20년 전인 1916~1918년의 상황을 비교해 보면, 몇 가지 뚜렷한 변화가 드러난다. 우선 1910년대 이래 20년 동안 수송량이 5배 이상 증가하였다. 이는 신규 노선이 늘어난 점도 있었지만, 이보다는 5대 간선인 경부선, 호남선, 경의선, 경원선, 함경선의 수송량이 크게 늘어난 것이 주된 배경이다. 즉 화물 수송에서 간선의 중요성이 점점 커져갔다는 것을 알 수 있다. 가령 1930년대에 11개 지선 수송량을 모두 합쳐도 함경선 하나의 수송량에도 못 미치는 정도였다.

둘째, 1910년대에는 농수산물의 수송 비중(농수산물 도합 34.3%)이 컸었으나, 1930년대에는 그 비중(도합 19.3%)이 큰 폭으로 줄어들었고, 대신 다른 벌크 화물의 수송 비중이 늘어났다. 이를 달리 표현한다면 1910년대에 5대 간선에서는 농산물과 수산물, 경공업 제품 등 일상생활과 관련된 품목의 수송 비중이 높았었으나, 1930년대에 이르면 석탄, 광물, 시멘트, 비료 등의 구성비가 크게 증가하게 된다(석탄 12.6%→16.3%, 광물 3.6%→8.9%, 시멘트 0.8%→7.0%, 비료 1.4%→6.0%로 각각 증가). 1910년대에는 쌀(14.6%), 석탄(12.6%), 기타 농산물(11.2%), 수산물(8.5%), 공산품-1군(경공업 생활용품, 8.1%), 목재(7.4%)가 수송 비중 5%를 넘는 품목들이었고, 도합 전체 수송화물의 2/3를 차지하였다가, 1930년대에는 기타 농산물, 수산물, 공산품-1군 등은 주요 품목에서 모두 탈락하고 다른 원료 품목들이 그 자리를 차지하게 된 것이다. 20년 동안 비중에 큰 변동이 없었던 품목은 임산물로 1910년대 7.4%에서 1930년대에 7.6%이며,

기타 품목(철도국, 군수품, 기타 합계)의 수송 비중도 큰 변화가 없었다.

이처럼 1910년대 후반과 1930년대 후반의 주요 수송 품목에 변화가 일어난 것은 언뜻 경제구조에 변화가 일어났던 것이 투영된 것으로만 단정하기 쉽다. 그러나 좀 더 자세히 살펴보면, 1910년대 이래 여러 노선이 추가된 점을 감안할 때, 5대 간선과는 성격이 다른 노선들이 추가됨으로 인해 부분적으로나마 화물 구성에 변화가 일어났던 점도 고려해야 할 것이다. 따라서 전국에 걸쳐 경제구조에 변화가 고루 일어났다고만 단순하게 해석하기 보다는, 화물 수송에서 지역차(노선의 차이)가 생기기 시작한 것이라는 해석도 곁들여야 타당할 것이다.

또한 남부 지방과 북부 지방 사이에도 차이가 있어, 5대 간선 중에서도 남부 지방의 간선보다는 북부 지방의 간선에서 그 성격의 변화가 더 두드러지는 것으로 보인다. 실제로 5대 간선의 1910년대와 1930년대의 수송량 1~3위 품목을 분석하여 보았을 때, 남부의 경부선과 호남선에서는 폼목의 변화가 북부 지방에 비해 훨씬 적었던 것을 확인할 수 있었다. 경부선과 호남선은 두 시기 모두 쌀과 공산품이 각각 1위와 3위를 그대로 유지하였고, 다만 2위 품목만 농산물이나 수산물에서 석탄과 비료로 바뀐 것이다. 즉 두 노선의 성격이 크게 변하지는 않았고, 더구나 호남선의 경우에는 쌀의 수송 비중이 1910년대에 비해 1930년대에 더 늘어났으며, 비료까지 수송량 2위 품목으로 꼽혀 농업 부문으로의 특화가 더욱 심화된 것을 볼 수 있다. 이에 비하면 북부 지방의 간선인 경의선, 경원선, 함경선에서는 1910년대에는 농산물, 임산물, 수산물이 각각 1, 2, 3위를 차지한 노선이 많았지만, 1930년대에는 대부분 탈락하고 대신 석탄, 광물, 시멘트 등으로 대체된다. 즉 남부 노선들은 그 성격에 큰 변화가 없었지만, 북부 노선들은 변화가 컸었음을 알 수 있는 것이다.

(3) 노선별 특화 화물, 1936~1938년

① 수송량 1~3위 품목

우리는 흔히 어떤 철도 노선을 '산업철도' 등의 별명으로 부르곤 한다. 해당 노선이 산업활동에 필요한 원료나 제품을 주로 취급한다는 특색을 한마디로 요약해 표현한 것이다. 이와 비슷하게 각종 논문이나 소설 등에서도 목포와 군산항을 통하여 쌀이 수출되었던 점을 근거로, 이 항만도시들을 연결하는 호남선과 군산선을 미곡 운송 위주의 노선으로 특징짓곤 했다.

각 노선이 주로 실어 날랐던 화물의 종류는 어떤 것이었는지, 각 노선을 어떻게 특징지을 수 있는지 분석해 보기로 한다. 우선 1936~1938년 3개년동안 각 노선별로 수송량이 가장 많았던 1~3위 품목을 조사하여 정리한 것이 <표IV-7>이다. 1~3위 품목의 수송량을 합하면 대체로 전체 화물의 1/3~2/3 수준이며, 간선에서는 1~3위의 수송량 비중이 조금 작고, 지선에서는 총 화물의 1/2을 넘는 경우가 많은 경향을 띤다.

전 노선을 통하여 수송량 1위 품목은 쌀, 임산물, 석탄 등이며, 2위 품목으로는 비료나 광물인 경우가 많았다. 3위 품목은 어느 특정 품목에 치우치지 않고 공산품-1군, 임산물, 비료, 시멘트, 농산물 등으로 다양하였다. 전체적으로 쌀(10개 노선), 임산물(8개 노선), 광물(8개 노선), 비료(7개 노선), 석탄(5개 노선)의 빈도가 가장 높아, 1930년대에 전국 철도망에서 벌크 화물이 주로 수송되었던 것을 잘 엿볼 수 있다. 또 한가지 부기할 만

표 IV-7
노선별 수송량 1~3위 품목, 1936~1938

지역	노선	연평균 발송·도착량 (톤)	수송량 1~3위 품목과 수송 비중 (%)			
			1위	2위	3위	이 밖에 수송 비중이 큰 품목
남부 지방	경부선	5,947,413	쌀(12.8)	석탄(11.0)	공산품-1(7.8)	철도용품(10.4)
	호남선	1,134,167	쌀(36.6)	비료(15.9)	공산품-1(7.9)	
	전라선	397,865	쌀(28.4)	비료(11.4)	임산물(10.1)	철도용품(8.1)
	경전선	345,494	쌀(27.0)	광물(16.5)	비료(12.5)	철도용품(9.0)
	광주선	304,130	석탄(31.5)	쌀(16.1)	비료(8.8)	공산품-1(8.4)
	대구선	148,381	쌀(27.2)	비료(17.8)	임산물(11.4)	수산물(10.3)
	동해남부선	97,192	쌀(21.1)	비료(9.9)	농산물(6.7)	철도용품(30.1)
	중앙선	36,707	쌀(19.3)	임산물(10.0)	비료(8.8)	철도용품(32.7)
북부 지방	경의선	5,933,228	석탄(25.9)	광물(11.4)	시멘트(9.0)	
	함경선	3,760,917	광물(21.7)	석탄(17.2)	시멘트(12.1)	임산물(11.3)
	경원선	1,145,203	쌀(11.5)	광물(11.4)	시멘트(10.3)	임산물(9.7)
	만포선	695,987	석탄(33.2)	광물(23.6)	임산물(15.7)	
	평원선	205,253	임산물(25.8)	광물(20.9)	농산물(8.9)	철도용품(14.4)
	혜산선	188,725	임산물(44.4)	광물(19.5)	농산물(7.8)	
	동해북부선	150,675	임산물(29.3)	수산물(8.9)	광물(8.0)	철도용품(10.5)
	백무선	109,719	임산물(81.7)	시멘트(1.6)	쌀(1.3)	철도용품(6.4)

주 농산물 쌀을 제외한 농산물 (맥류, 콩, 잡곡, 감자·고구마, 채소류, 과일류, 잎담배)
수산물 소금, 수산물
광물 광물과 흙·모래·돌 및 관련 제품
임산물 땔나무, 숯, 목재
시멘트 시멘트, 석회
공산품-1군 경공업 제품(식료품, 실과 옷감, 종이, 성냥, 담배, 가구류 등)
철도용품 철도국에서 쓴 석탄, 갱목, 토사 등

한 것으로는 철도국 용품의 수송 비중도 적지 않아서, 1~3위 품목 안에 드는 경우가 상당히 많았다(‹표 IV-7›에서는 이를 비고란에 적어 두었다). 1930년대에도 노선의 확장이나 신설 공사가 진행되고 있었던 점이 이런 통계로 반영된 듯하다.

표에서 두드러지는 또 하나의 현상은 남·북 지방의 대조이다. 남부 지방은 쌀과 비료의 두 품목이 모든 노선에서 1~3위 안에 포함되어, 주곡과 이를 생산하기 위한 비료의 중요성이 잘 부각되고 있다. 반면, 북부 지방에서는 광물이 백무선을 제외하고는 모든 노선에서 1~3위 안에 포함되어 있고, 이 밖에 임산물 5개 노선, 시멘트 4개 노선, 석탄 3개 노선을 차지하여, 북부 지방의 철도가 자원의 후송에 주로 이용되고 있었음을 보여주고 있다. 남·북간 이런 차이는 당시 경제구조의 차이, 인구의 편중 분포, 그리고 여기에서 연유하는 화물 수요의 차이를 반영하는 것으로 해석할 수 있다.

그림 IV-11
군산항에서 반출을 기다리는 쌀, 1920년대

사진에서는 수레와 지게 등의 수송수단도 볼 수 있다. 강점기에 인천항에서는 콩, 목포항에서는 면화가 많이 반출되었다.

출처 신기수 편, 이은주 역, 2009, «한일병합사 1875~1945: 사진으로 보는 굴욕과 저항의 근대사». 눈빛. p.170

② 품목별 수송량의 평균과 표준편차 분석

각 노선의 주요 수송 품목을 수송 절대량 1~3위로 보는 방식은 각 노선에서 어떤 화물이 가장 많이 실렸는가를 파악하는 가장 손쉽고 빠른 방법이다. 그러나 이 방법은 수송 절대량이 많은 품목들만 걸러내게 된다는 점에서 한계를 지닌다. 전국적으로 수송량 상위 품목들은 각 노선에서도 다소 차이는 있을지언정 많이 수송될 것이기 때문에 노선의 특징이 잘 드러나지 않을 수 있다. 또한 전국 평균적으로 수송량이 많지 않은 품목의 경우는 그 절대값이 작음으로 인해서 비록 중요한 품목임에도 불구하고 1~3위 품목에 포함되지 못할 가능성이 크다. 가령 어떤 품목의 수송량이 10%에 못 미치는 작은 것이었을 때, 수송량 상위 품목으로는 걸러지지 않을 것이 분명하다.

이러한 문제를 보완하기 위하여 본고에서는 각 품목별 평균 수송량과 표준편차를 활용하여, 각 노선에 특화된 품목이 어떤 것이었나를 분석해 보기로 한다. 여기서는 품목당 수송량 비중이 평균+1 표준편차 이상인 경우 특화된 것으로 간주하였다. 이런 표준편차 방법은 일찍이 도시를 분류할 목적으로 개발되었고(조동규, 1988), 이어 농작물의 재배면적 비율을 자료로 삼아 농업지역 구분에도 적용되었다(서찬기, 1962; 길용현, 1970; 최창조, 1975)[15]. 표준편차법은 그 계산 과정이 그리 복잡하지 않고 이해도 쉬워 분석 결과를 독자들에게 전달하는데 무리가 없다[16].

표준편차법에 문제가 없는 것은 아니다. 본 연구처럼 수송량이 정규분포하지 않고 편포(遍布)하는 경우에는 평균의 의미가

15 농업지역의 구분에서는 작물결합법(crop combination)이라 부름.

퇴색할 수밖에 없고, 따라서 표준편차의 의미도 반감된다. 따라서 본고에서는 표준편차법을 절대량 상위 품목을 살피는 방법에 대한 보조 해석 수단으로 쓰기로 한다.

1936~1938년 동안 품목별 평균 수송량(비율)을 분석하여 평균+1 표준편차 이상인 품목을 각 노선별로 정리하면 ‹표 IV-8›과 같다. 첫째, 분석 결과는 절대량 분석 결과와 큰 차이는 보이지 않았다. 수송 비중이 높았던 쌀, 비료, 광물 등이 표준편차 분석에서도 다시 중요한 특화 품목으로 드러났기 때문이다. 둘째, 남부와 북부 지방의 대조가 표준편차법 분석에서도 다시 잘 드러나, 남부가 농업과 관련된 품목에 특화 정도가 높은 반면 북부가 공업 원료 등에 특화된 경우가 많았다. 남부 지방에서 호남선을 비롯하여 전라선, 경전선, 대구선 등 영남 남부와 호남 남부를 지나는 노선들에서 쌀과 비료로 특화된 반면, 북부 지방의 노선은 대체로 광물, 석탄, 시멘트 등이 특화된 노선이 많았다.

셋째, 이러한 전반적인 경향 속에서 일부 노선에서는 흥미로운 차이를 보인다. 표준편차법에서 의도했던 목표, 즉 절대량이 10% 미만으로 작은 일부 품목들이 특화 품목으로 부각된 것이다. 경부선의 경우 공산품, 동해남부선과 중앙선은 철도국 용품으로, 그리고 동해북부선은 수산물이 특화 품목으로 꼽힌다. 이 가운데 철도국 용품은 우리의 주 관심사가 아니며, 또 중앙선은 운영을 개시한지 1년에 불과해 뚜렷한 특성이 부각되기에는 아직 이르다는 점, 그리고 동해남부선과 중앙선의 수송량이 매우

16 요인분석법, cluster analysis 등 훨씬 정교한 구분 방법도 고려해 볼 수 있지만, 노선의 수가 모두 16개에 불과하고 굳이 난해한 방법을 동원할 필요가 없으며, 또 비록 정교한 분석기법이기는 하지만 퍼센트를 자료로 쓰는 경우 공선성(共線性, co-linearity)의 문제도 감수해야 하므로, 본 연구에서는 고려하지 않았다.

표 IV-8

노선별 특화 품목:
품목별 수송량 평균+1 표준편차 이상, 1936~1938

지역	노선	품목별 수송량 평균+1 표준편차 이상인 품목과 비중(%)		
남부 지방	경부선	공산품-1군(7.8)	군수품(5.7)	-
	호남선	쌀(36.6)	비료(15.9)	공산품-1군(7.9)
	전라선	쌀(28.4)	비료(11.4)	-
	경전선	쌀(27.0)	비료(12.5)	-
	광주선	석탄(31.5)	비료(8.8)	공산품-1군(8.4)
	대구선	쌀(27.2)	비료(17.8)	수산물(10.3)
	동해남부선	철도용품(30.1)	-	-
	중앙선	철도용품(32.7)	군수품(3.4)	-
북부 지방	경의선	석탄(25.9)	시멘트(9.0)	-
	함경선	광물(21.7)	시멘트(12.1)	군수품(3.6)
	경원선	시멘트(10.3)	농산물(7.2)	군수품(3.5)
	만포선	석탄(33.2)	광물(23.6)	-
	평원선	광물(20.9)	농산물(8.9)	-
	혜산선	임산물(44.4)	광물(19.5)	농산물(7.8)
	동해북부선	수산물(8.9)	-	-
	백무선	임산물(81.7)	-	-

주 농산물 쌀을 제외한 농산물(맥류, 콩, 잡곡, 감자·고구마, 채소류, 과일류, 잎담배)
수산물 소금, 수산물
광물 광물과 흙·모래·돌 및 관련 제품
임산물 땔나무, 숯, 목재
시멘트 시멘트, 석회
공산품-1군 경공업 제품(식료품, 실과 옷감, 종이, 성냥, 담배, 가구류 등)
철도용품 철도국에서 쓴 석탄, 갱목, 토사 등

적었다는 점 등을 감안할 때, 동해남부선과 중앙선은 특화 품목이 없이 다양화된 노선으로 성격을 규정할 수 있을 것이다. 경부선의 공산품 특화가 주목할 만하다. 10%에도 못 미치는 수송량이지만 경부선이 이미 상당히 수송 품목이 다각화(多角化, diversified)되어 있었기 때문에 공산품의 수송이 중요하게 부각된 것으로 보인다.

(6) 소결: 화물 수송으로 본 철도 노선의 특화

지금까지의 분석 결과를 종합하면 노선별 수송화물의 특화 정도는 다음과 같이 결론내릴 수 있을 것이다. 우선 남부 지방의 노선들은 대체로 쌀과 비료를 중심으로 하는 농산물 수송에 특화되었다. 이에 반해 북부 지방의 노선들은 광물과 임산물의 특화가 두드러진다. 경부선, 동해남부선, 중앙선의 화물 구성은 특정 품목으로 치우친 정도가 덜하여 '다각화'된 노선으로 분류할 수 있다. 반면 동해남부선과 중앙선은 화물의 수송 규모가 작았고 게다가 중앙선은 개통된 지 1년도 지나지 못한 상황이었으므로 특화 여부를 판단하기 어려워, 진정한 의미에서 다각화된 노선은 경부선 하나뿐이었다고 말할 수 있다. 개별 노선의 특화 정도는 ‹표 IV-9›에 요약하였다.

표 IV-9
노선별 특화 화물

지방	노선	특화품목	비고
남부 지방	경부선	다각화(多角化)	공산품의 특화 정도가 높음
	호남선, 전라선, 경전선, 대구선	쌀과 비료	
	광주선	석탄과 쌀	노선 연변에 화순 탄광이 있음
	동해남부선, 중앙선	다각화	중앙선: 개통 역사가 짧아 특화 여부에 의미를 두기 어려움
북부 지방	경의선, 만포선, 함경선	석탄, 광물	
	경원선	시멘트	
	평원선, 혜산선	임산물, 광물	
	동해북부선	수산물	
	백무선	임산물	

V
철도 수송의 분포-2: 철도역의 수송량

1. 역별 수송량 고찰의 의의와 자료

지금까지 한반도의 철도망 전체로 수송 동향을 조감하고, 이어서 분석단위를 노선별로 나누어 그 특징을 살피고 비교하였다. 이 장에서는 분석의 단위를 각 철도역으로 더 낮추어 여객과 화물의 취급량을 살펴보기로 하겠다. 이미 살펴본 바와 같이 각 노선의 수송량은 꾸준한 증가세를 보이고 있다. 하지만, 전체적인 노선의 증가 추세가 반드시 각 역의 고른 성장을 의미하는 것은 아니다. 지역의 특성에 따라서 같은 노선 안에서도 각 역의 수송량은 상당히 달라질 수 있으므로, 역별로 수송량의 규모와 그 변화를 분석하는 것은 노선 전체의 변화상을 살펴보는 것 못지않게 중요하다.

각 역의 여객 및 화물 취급량은 해당 역이 노선 내에서 차지하는 위상을 나타낸다. 나아가 역의 위상은 역이 입지해 있는 배후지의 위상을 대표한다고 볼 수 있다. 철도역은 대체로 기존 도시에 자리 잡았거나, 설령 기존 시가지에서 멀리 떨어져 입지하였더라도 나중에는 철도역을 핵으로 이른바 역전취락이 발달하였다(공환영, 1971). 철도역의 이러한 특성 때문에 철도역의 수송량을 다루는 것은 도시의 규모, 그리고 도시체계 내에서의 지위를 살피는 의미도 갖는다고 볼 수 있다. 또한 역의 위상은 계속 변화하기 때문에 이런 변화를 추적함으로써 지역의 성장을 간접적으로 살펴볼 수 있으며, 더 나아가서는 노선 배후지 전체의 구조 변화를 이해하는 데 도움을 얻을 수 있다.

이 장은 다섯 부분으로 구성된다. 첫 절은 분석에 사용된 자료를 해설하며, 둘째 절은 각 노선에서 주요 역의 수송 상황을 조감하고, 셋째 절에서는 여러 역들의 수송 상황을 분석하여 강점기의 한반도 도시체계를 알아본다. 넷째 절에서는 시, 군 단위의 인구 증감 상황을 파악하고 철도 접근성과는 어떤 연관이 있는지 분석한다. 마지막 절에서는 일부 간선과 지선을 사례로 삼아 심층 분석을 시도한다.

분석에 쓰인 자료는 조선총독부철도국 연보, 조선총독부철도국 사설철도 및 궤도 연보, 조선총독부 통계연보 등에서 수합한 것으로, 각 역에 대하여 승차 여객 수(명), 하차 여객 수(명), 발송 화물량(톤), 도착 화물량(톤)에 대한 정보가 실려 있다. 이 글에서는 승차와 하차 여객 수를 합하여 여객 취급량으로, 화물의 발송과 도착량을 합하여 화물 취급량으로 간주하였다.

분석기간은 경부선과 경의선이 운행되어 수송 자료가 출판된 1910년부터 1937년까지로 정하였다. 아쉽게도 사설철도는 1937년 이후의 자료는 구할 수 없었기 때문이었다. 따라서 경경선(지금의 중앙선, 서울~영천) 등 1937년 이후 개통된 일부 노선들은 분석에 포함되지 못하였다. 또한 취급량이 적거나 중간역의 아주 수가 적은 일부 지선과 산업철도도 분석에서 제외되었다. 겸이포선(황주~겸이포(송림)) 등 경의선의 지선들, 흥남선(신흥철도 함흥~서호리 구간), 장진선(신흥철도 상통~사수 구간) 등이 그 사례이다.

자료의 방대함 때문에 모든 연도를 다 분석할 수는 없었으므로, 1910년, 1920년, 1930년, 1937년의 네 연도분만 다루었다. 한 철도 노선에서 전 구간이 한꺼번에 개통되는 경우는 드물다. 여러 해에 걸쳐 조금씩 노선을 연장해 나가기 때문이다. 이에 따라 이 분석에서는 전 구간이 모두 개통된 시점을 해당 노선의 개통 시기로 간주하였다. 가령 어떤 노선이 1920년대 초에 공사를 시작하여 영업 구간을 조금씩 늘려나가 1920년대 말에 전통(全通)되었다면, 이 노선은 1930년 분석에 비로소 포함되는 식이다. 다만 호남선(대전~목포)과 군산선(군산~이리)은 1913년, 수려선(수원~여주)은 1931년을 시작연도로 삼았다. 10년 간격의 분석방법을 고집하면 중간 연도에 철도가 개통된 경우에는 아까운 정보를 잃어버리게 되기 때문이었다.

한 도시 안에서 여러 역이 있는 경우에는 단일역의 취급량으로 다루는 것이 합리적일 것으로 판단하여 그 취급량을 합산하였으며, 해당 도시와 역 이름은 다음과 같다[17]:

서울 (경부선) 경성역, 용산역, 노량진역, 영등포(남경성)역
(경원선) 동경성(청량리)역, 왕십리역, 수철리역, 한강리역, 서빙고역
(경의선) 서소문역, 아현리역, 신촌역
부산 부산역, 초량역, 부산진역
평양 평양역, 대동강역, 평양안내소, 서평양역
신의주 신의주역, 신의주 하급소(荷扱所), 신의주 강안(江岸)
광주 광주역, 남광주(신광주)역
마산 마산역, 구마산역, 북마산역
해주 해주역, 해주항, 동해주역, 서해주역
순천(전라남도) 순천역, 동순천역

17 역별 취급량의 합산에서, 도시의 지리적 범위는 강점기 말의 도시 범위를 기준으로 삼되, 도시에서 아주 가까운 근교는 해당 도시에 포함시켰다. 따라서 21세기인 지금 도시의 행정구역 범위와는 일치하지 않는다.

2. 철도 노선별 주요 역의 수송 개관

1) 역별 여객과 화물 취급량의 분포

1910년 이래 역별 취급량은 여객과 화물 모두 빠른 속도로 증가하였다(‹표 V-1›). 1910년에는 하루 1천 명 이상의 여객이 승·하차하는 역은 2개에 불과하였으나, 1937년에 이르면 무려 29개 역으로 늘어난다. 화물의 경우에도 1910년에는 하루 1천 톤 이상을 취급하던 큰 역이 하나도 없었지만, 1937년에는 10개역으로 늘어나게 된다. 취급량의 증가는 여객이 화물보다는 더 보편

표 V-1
역별 여객 및 화물 취급량의 분포, 1910~1937

	하루 평균 취급량	철도역의 수			
		1910	1920	1930	1937
여객	1,000명 이상	2	7	19	29
	500~1,000명	1	23	25	56
	100~500명	13	117	197	315
	100명 미만	145	145	267	328
화물	1,000톤 이상	-	2	5	10
	500~1,000톤	2	4	6	7
	100~500톤	6	19	30	65
	100톤 미만	153	267	469	646
전국 철도역의 수*		161	292	510	728

* 일부 역은 통합되었으므로, 실제 역의 수보다는 조금 적게 제시되었다.

적으로 이루어져, 하루 500명 이상을 취급하는 역의 수는 1937년에 85개에 이르지만, 하루 500톤 이상을 취급하는 역은 1937년에 17개 역에 머무른다. 즉 화물의 일부 역 집중 정도가 여객보다 훨씬 심하였다.

2) 여객과 화물 취급량이 많은 역

역별 수송의 특징을 조감하기 위하여, 각 노선의 여객과 화물 취급량이 가장 많은 세 역과 그 구성비를 정리하여 보면 ‹부록 표 2: 각 노선에서 여객과 화물 취급량이 많은 역, 1910~1937›과 같다. 표가 방대하여 부득이 부록에 싣게 된 것이다.

표에서는 몇 가지 흥미로운 경향을 파악할 수 있다. 첫째, 여객 수송과 화물 수송의 순위는 반드시 일치하지는 않는다. 이는 여객 수송이 배후지의 도시계층 구조를 비교적 잘 반영하는 반면, 화물 수송은 배후지 내부의 자원과 산업의 분포 뿐 아니라 지역 외부의 상황에도 민감하게 반응하기 때문일 것이다. 화물 취급량은 도시(역)의 규모보다는 탄광, 항만, 분기점의 분포 등과 더 밀접한 관련이 있는 법이다. 제4장 노선별 수송량 분석에서 화물보다 여객 수송이 더 고른 분포를 보였던 것과 같은 맥락이다.

둘째, 각 노선마다 여객이든 화물이든 취급량이 고르게 분포하기보다 일부 역에 집중되는 것을 뚜렷이 볼 수 있다. 1~3위 역의 취급량이 노선 전체 수송량의 절반 이상을 차지하는 경우가 많고, 3/4 이상 또는 심지어 90% 이상인 노선도 다수 있다. 이러한 일부 역 집중 경향은 철도 노선의 길이와 상당한 관계가 있는 것으로 보인다. 짧은 노선일수록 상위 역에의 집중도가 높고, 노선이 길면 상위 역의 집중도는 낮아지는 경향을 띤다.

셋째, 북부 지방의 노선에서는 주요 역의 집중도가 남부 지방에 비해 전반적으로 낮다. 남부 지방이 각 노선 배후지의 중심지 체계가 잘 확립되어 있어 상위 역(도시)과 하위 역(도시)의 격차가 뚜렷한 반면, 북부 지방은 아직 중심지 체계가 덜 확립된 증거일 것이다. ‹부록 표 2›의 제4부(1937년)에서 보듯이, 개통 연도가 늦은 노선에서 남·북부 지방을 불문하고 상위 역의 집중도가 전반적으로 낮은 것도, 노선이 들어선지 시간이 얼마 지나지 않아 배후지 내부의 통합과 중심지의 서열이 제대로 자리 잡을 여유가 없었기 때문일 것이다.

넷째, 일부 역에 수송이 집중되는 경향은 여객보다 화물에서 더 뚜렷하다. 여객 수송은 인구의 분포를 반영하기 때문에 작은 역이라도 어느 정도의 교통 수요는 발생하지만, 화물의 수송 수요는 인구에 비례하는 것은 아니기 때문이다. 화물 수송이 일부 역에 집중하는 정도가 여객의 경우보다 더 뚜렷한 것은 화물과 여객의 특성과도 관련이 깊다. 새 교통수단이 등장하면 사람들은 차츰 이에 적응하여 통행의 빈도, 거리, 시각 등에서 변화를 보이게 된다. 이러한 변화, 특히 새 교통수단의 통행유발효과(induced trips)는 비단 큰 역 뿐 아니라 작은 역에서도 생겨나므로, 전체적으로 여객 수송량이 큰 역에 집중하는 정도가 덜할 수밖에 없다. 제3장에서 살펴보았듯이 여객의 이동 거리가 의외로 짧았던 점도 철도가 사람들의 통행행동을 바꾸어 기존 단거리 교통수단을 대체하는 경우가 적지 않았음을 보여주는 것이다. 노선이 확충되고 철도 교통이 보편화되면서 도시 간 이동 수단으로 철도가 각광받게 되었고 이런 경향이 노선 상에서 여객 이동량의 분산을 가져왔을 것으로 생각된다. 철도 화물은 기본적으로 벌크 화물이 주종을 이룬다. 그리고 벌크 화물은 그 생산지와 수요지, 그리고 수출입 지점이 제한되어 있으므로, 일부 역에의 집중 정도가 높아질 수밖에 없다. 또한 점차 화물 수송량이 늘면서, 이를 처리할 수 있는 시설을 갖춘 대규모의 역을 중심으로 화물의 취급이 집중되어가는 경향도 있었을 것이다.

다섯째, 역의 서열은 장기간 상당히 안정되어 있는 것을 볼 수 있다. 특히 1, 2위 역의 서열이 바뀌는 일이 드물어서, 고차 중심지(高次 中心地)의 지위가 쉽게 바뀌지 않았음을 알 수 있다.

3. 철도역의 계층 구조

전술한 바와 같이 수송량은 일부 역에 집중하는 경향이 뚜렷하며, 다만 여객 수송에서 그 집중도가 화물보다는 조금 덜할 뿐이다. 따라서, 한반도 전체 철도 노선을 대상으로, 취급량이 가장 많은 상위 50개 역을 대상으로 그 계층 구조를 살펴보기로 한다. 1910, 1920, 1930, 1937년의 상위 50개 역의 취급량과 그 순위를 파악해보면 ‹그림 V-1› 및 ‹그림 V-2›와 같으며, 순위에

그림 V-1

상위 50개역의 여객 취급량과 순위, 1910~1937

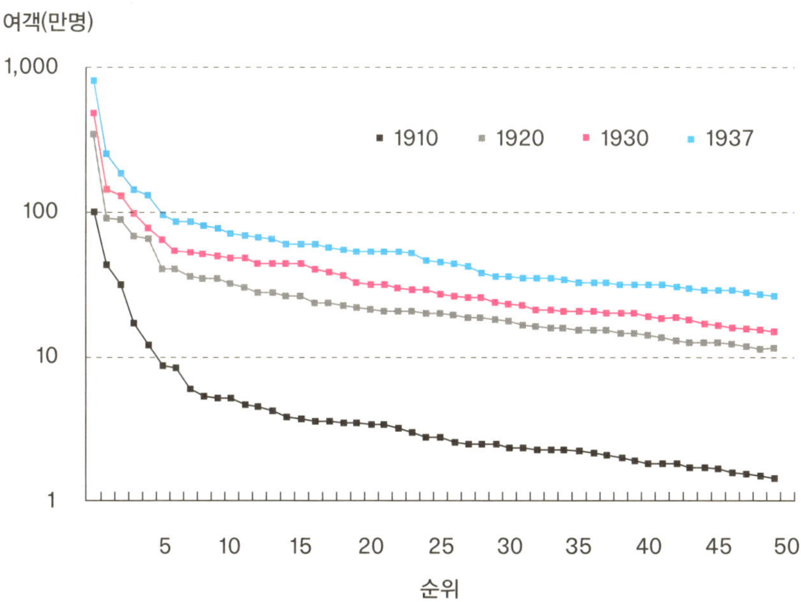

주 상위 역의 여객 수 격차가 매우 크기 때문에 세로축은 상용대수(常用對數, log) 눈금을 사용하였다.

관한 상세한 내용은 〈부록 표 3: 여객 취급량 상위 50개 역〉과 〈부록 표 4: 화물 취급량 상위 50개 역〉에 실어 두었다. 대신 부록(附錄)의 내용을 발췌 요약하여 〈표 V-2〉에 제시하였다. 이 표에서는 1920년 상위 20위 이내의 역과 1937년 상위 20위 이내의 역을 대상으로, (1) 1920~1937년 동안 순위에 변동이 적은 역, (2) 순위가 5단계 이상 내려간 역, (3) 순위가 5단계 이상 올라간 역을 적어 두었다. 비교의 기준 연도를 1920년으로 정한 것은 1910년에는 철도역의 수가 적어 비교에 의미가 적었기 때문이다.

그림과 표의 내용을 종합하면, 여객이나 화물의 취급량-순위 패턴은 1910, 1920, 1930, 1937년의 4개 시기에서 대체로 비슷

그림 V-2

상위 50개역의 화물 취급량과 순위, 1910~1937

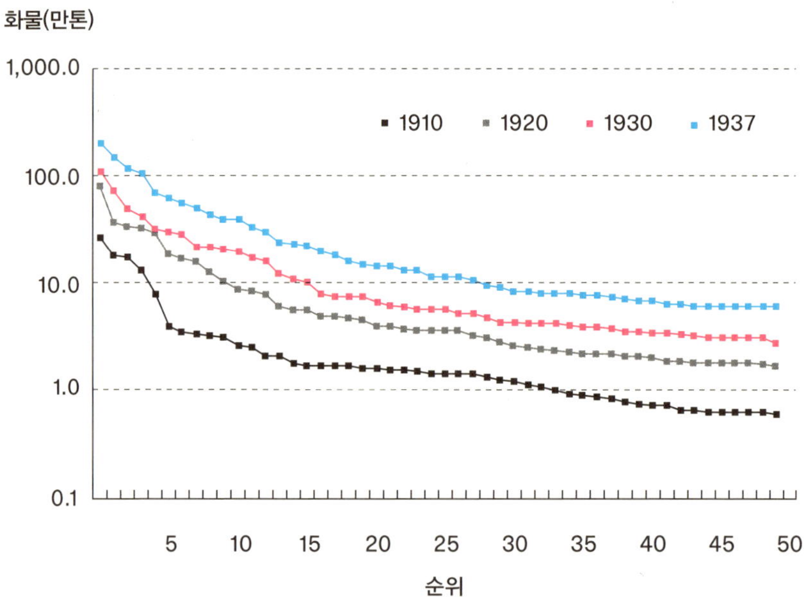

주 상위 역의 화물 취급량 격차가 매우 크기 때문에 세로축은 상용대수(常用對數, log) 눈금을 사용하였다.

표 V-2

1920~1937년의 역 순위 변동

	여객 순위	화물 순위
	1920년 → 1937년	1920년 → 1937년
순위에 변동이 적었던 역 (2단계 이내 변동)	서울 (1) → 1 인천 (2) → 3 평양 (3) → 2 대구 (4) → 5 이리 (6) → 6 대전 (8) → 8 개성(10) → 12	서울 (1) → 1 부산 (2) → 3 인천 (3) → 2 평양 (4) → 5 진남포(5) → 4 신의주(6) → 8 원산 (8) → 9 군산(10) → 11
순위가 5단계 이상 낮아진 역	수원 (7) → 15 구포(12) → 34 김천 (14) → 25 강경 (15) → 40 목포 (16) → 22 송정리(18) → 32 조치원(19) → 26 왜관 (20) → 61	신안주(9) → 50 회령 (11) → 16 대전 (13) → 21 이리 (15) → 40 조치원(16) → 36 밀양 (17) → 42 김천 (18) → 24 송정리(20) → 85
순위가 5단계 이상 높아진 역	신의주(17) → 11 함흥 (35) → 14 청진 (24) → 17 회령 (43) → 19	청진 (12) → 6 함흥 (25) → 17

주 표에서 1920~1937년 동안 순위가 5단계 이상 높아진 역은 사례가 적다. 이는 1920년에는 존재하지 않았던 역들이 새로 생겨나 20위 안으로 올라선 경우가 있기 때문이다. 여객에서는 마산역, 화물에서는 함흥, 길주, 성진, 고무산, 해주역 등이 이러한 역에 해당한다.

하다. 다만 1910년의 취급량-규모 분포는 다른 연도에 비해 기울기가 더 급하여 조금 다른 모습을 띤다. 이는 1910년에는 경부선(및 경인선)과 경의선(및 평남선)의 단 2개 노선만 운행되었던 반면 다른 연도에는 노선이 추가되어 분석대상 역의 수가 대폭 늘어난 점과 관련이 있다. 이처럼 1910년이란 철도 초창기였으므로, 의미있는 계층구조 비교는 1920년 이후부터나 가능한 셈이다.

둘째, 여객 수송의 경우, 비록 개별 역으로는 그 순위가 연도에 따라 뒤바뀌기는 하지만, 상위권 역, 특히 10위 이내 역의 지위는 비교적 안정되어 있다. 또한 상위 50위에 포함된 역에는 지금 우리에게 낯익은 지방 중심지들이 대거 포함되어 있다. 이를 종합하면, 주요 역의 지위는 우리나라 철도 초기부터 이미 정해졌었으며, 또 철도 노선을 정할 때에도 철도영업의 수지를 고려하여 가급적 지방 중심지들을 노선에 포섭하도록 구상되었다고 짐작할 수 있다. 그동안 대전, 이리 등 몇몇 철도 분기점의 급성장 사례가 강조된 나머지, 마치 철도망이 기존 중심지 체계를 뿌리부터 흔들고 새로운 철도역 도시들이 등장하였던 것처럼 생각하기 쉬우나, 실제로는 철도 노선들이 기성 중심지들을 무시한 채 비껴갈 수는 없었던 것으로 보인다. 물론 상위 50개 역에는 항만역과 철도의 분기점역도 다수 포함되어 있는 것도 부인할 수 없는 사실이다. 그러나 이런 역들의 대다수는 '한적하던 곳'이 철도 때문에 번잡하고 큰 역으로 성장했다기보다는 이미 상당한 규모의 도시였던 경우가 더 많았다.

셋째, 여객 수송과는 달리, 화물 수송에서는 지방 중심지보다는 항만과 분기점 역들의 강세가 두드러지고, 1~10위 역의 화물 취급량 격차가 여객의 경우보다 훨씬 심하며, 순위의 변동도 여객보다 더 심하다.

끝으로 50위에 포함된 역 가운데, 여객 수송에서는 남부 지방의 역 수가 북부 지방보다 조금 더 많고, 화물은 반대로 북부 지방의 역이 조금 더 많다. 한반도의 인구와 자원 분포 특징이 역별 취급량에서도 다시 반영되고 있다고 보아야 할 것이다.

그림 및 표의 정보를 근거로, 분석기간의 마지막 해인 1937년의 상위 네 계차(階次) 역을 정리하면 다음과 같다.

표 V-3
여객과 화물 취급량 상위 역, 1937

계차	여객	화물
1	서울	서울
2	평양, 인천	인천, 부산, 진남포
3	부산, 대구	평양, 청진, 흥남, 신의주
4	이리, 원산, 대전, 광주, 사리원, 신의주, 개성, 군산	원산, 대구, 군산

4. 철도교통과 부(府)·군(郡)의 인구, 1925~1944년

각 역의 교통량과 계층성을 살폈으니, 이를 바탕으로 행정구역별(府, 郡) 인구의 분포와 증감을 분석하여 교통과의 관계를 추론해보기로 한다. 물론 교통이 인구의 증감에 미치는 영향은 간접적이란 점은 염두에 두어야 할 것이다.

본고에서는 강점기 중 인구 자료의 신뢰도가 가장 높다고 판단되는 기간, 즉 정기적인 인구조사(인구센서스)가 시작된 1925년부터 광복 직전인 1944년까지의 인구 증감 상황을 살펴보았다. 조선총독부가 1911년부터 매년 상주인구를 집계하였기 때문에, 분석 연도는 1911년까지 거슬러 올라갈 수는 있다. 그러나 1914년에 전국적으로 행정구역 개편이 이루어져 여러 군들이 통폐합된 데다가 부분적으로는 행정구역 경계의 조정도 이루어져, 1910년대의 부·군별 인구 자료와 1930년대나 1940년대의 인구 자료를 직접 비교하는 것은 의미가 없는 일이다. 게다가 강점기 초기에 상주인구 조사가 제대로 시행되었는지에 대한 의문도 있으므로(김낙년, 2008), 본고에서는 인구센서스 자료 기간만을 분석대상기간으로 삼기로 한 것이다.

1) 도별 인구 분포와 증감

우선 전국의 인구 분포를 도 수준에서 거시적으로 살펴보기로 한다. 강점기의 한반도 인구 분포와 증감 상황을 요약하면 ‹표 V-4›와 같다.

인구센서스 자료에 의하면, 일제 강점기 1925~1944년 동안 한반도의 인구는 중부와 남부 지방에 약 3/4, 북부 지방에 약 1/4 분포하였다. 1925년에는 인구 2백만 명 이상의 큰 도는 경기도, 경상북도와 경상남도에 불과하였고, 충청북도, 충청남도, 제주도, 함경북도는 인구 백만 명이 못되는 작은 도였다. 분석기간 동안 인구는 꾸준히 늘어, 1944년에 이르면, 인구 2백만 명 이상인 도는 경기도, 황해도, 전라남도, 경상북도, 경상남도, 함경남도로 그 수가 크게 늘었고, 인구 백만 명 미만의 작은 도는 충청북도와 제주도의 2개로 줄었다. 1925~1944년의 인구증감 상황을 보면, 중부 지방과 북부 지방의 구성비는 도합 약 4% 포인트 증가하였으나, 남부 지방의 구성비는 4% 포인트 줄어들었다. 인구의 자연증가(自然增加, 출생-사망)를 제외한다면, 그만큼 남부 지방의 인구가 다른 지방으로 옮겨갔다는 것을 의미한다.

2) 도시의 성장

1925년 이래 20년 동안의 인구 증감에서 가장 두드러지는 현상은 도시화를 꼽을 수 있다. 기존 도시의 인구 규모가 급증하고 또 새로운 도시(府)가 생겨난 것이다(‹부록 표 5: 도시의 수와 인구 증가, 1925~1944› 참조). 부의 수는 1925년 12개이던 것이

표 V-4
도별 인구 규모와 성장률, 1925~1944

행정구역		1925		1935		1944		인구 증감(%): 1925~1944
		인구(명)	구성비 (%)	인구(명)	구성비 (%)	인구(명)	구성비 (%)	
전국		19,522,9445	100.0	22,899,038	100.0	25,917,881	100.0	32.8
중부	경기도	2,019,108	10.3	2,451,691	10.7	3,092,234	11.9	53.1
	강원도	1,332,352	6.8	1,605,274	7.0	1,858,230	7.2	39.5
	충청북도	847,476	4.3	959,490	4.2	980,488	3.8	15.7
	충청남도	1,282,038	6.6	1,526,825	6.7	1,675,479	6.5	30.7
	황해도	1,461,879	7.5	1,674,214	7.3	2,014,931	7.8	37.8
	중부지방 합계	6,942,853	35.6	8,217,494	35.9	9,621,362	37.1	38.6
남부	전라북도	1,369,010	7.0	1,607,236	7.0	1,674,692	6.5	22.3
	전라남도	1,953,319	10.0	2,301,126	10.1	2,528,603	9.8	29.5
	제주도	205,194	1.1	207,220	0.9	221,366	0.9	7.9
	경상북도	2,332,572	12.0	2,563,251	11.2	2,605,461	10.1	11.7
	경상남도	2,021,887	10.4	2,248,228	9.8	2,417,384	9.3	19.6
	남부지방 합계	7,881,982	40.4	8,927,061	39.0	9,447,506	36.5	19.9
북부	평안북도	1,417,091	7.3	1,710,352	7.5	1,882,799	7.3	32.9
	평안남도	1,241,777	6.4	1,469,631	6.4	1,826,441	7.1	47.1
	함경북도	626,246	3.2	852,824	3.7	1,124,421	4.4	79.5
	함경남도	1,412,996	7.2	1,721,676	7.5	2,015,352	7.8	42.6
	북부지방 합계	4,698,110	24.1	5,754,483	25.1	6,849,013	26.4	45.8

주 제주도는 강점기 동안 독립적인 도(道)의 지위를 가지고 있지 못한 채 전라남도에 포함되어 있었지만, 이 표에서는 지금의 행정구역 구분 방식을 따르기 위하여 전라남도에서 분리하여 별도의 지역단위로 다루었다. 제주도를 제외하고는 강점기의 도 구분 방식을 그대로 따랐다. 지금의 경상북도 울진군은 광복 전에는 강원도에, 충청남도 금산군은 전라북도에 속하였다.

1944년에 이르면 21개로 늘어나고, 전체 도시의 인구도 1925년에 85만 명이었으나 1944년에는 341만 명으로 4배나 늘어났다. 개별 도시로 보더라도 대부분 3배 또는 그 이상으로 규모가 커졌다. 경성부(서울)는 전국에서 가장 큰 도시로, 1925년 인구가 34만여 명이었다가 1944년에는 거의 백만 명 수준(98.9만 명)으로 성장하였다. 서울을 제외하고, 1925년에는 인구 10만 명 이상의 도시가 부산부 하나뿐이었으나, 1944년에 이르면 부산부 외에도 인천부, 대구부, 신의주부, 평양부, 청진부, 함흥부, 원산부 등으로 늘어나며, 특히 북부 지방의 도시 성장 추세가 뚜렷하였다. 평양부는 1925년에는 부산부보다 인구 규모가 작았으나, 1944년에 이르면 부산을 제치고 서울 다음의 큰 도시가 되었다.

1925년에서 1944년까지 각 도시의 인구규모와 순위의 관계를 살펴보면 ‹그림 V-3›과 같다. 이 그림에서 가장 두드러지는 현상은 수위도시(首位都市, primate city)인 서울과 제2위 도시(1925~1935년은 부산부, 1940~1944년은 평양부) 사이의 인구규모 격차가 시간이 갈수록 점점 더 벌어지는 것이다. 1935년까지는 수위도시와 2위 도시 사이의 격차가 그다지 크지 않았으나, 이후 서울은 백만 명에 가까운 대도시로 급성장하는 데 비해 2위 도시인 평양은 (물론 이 도시의 성장 속도도 무척 빠른 것이기는 하였지만) 40만 명에 채 못 미치는 수준에 머물렀다. 서울의 수위성(首位性, primacy)은 강점기에 이미 시작되었다고 말할 수 있을 것이다.

3) 부·군별 인구 증감

이제 인구 증감 상황을 부·군 단위로 더 자세히 살펴보기로 하

그림 V-3
부(府)의 인구 순위-규모 분포, 1925~1944

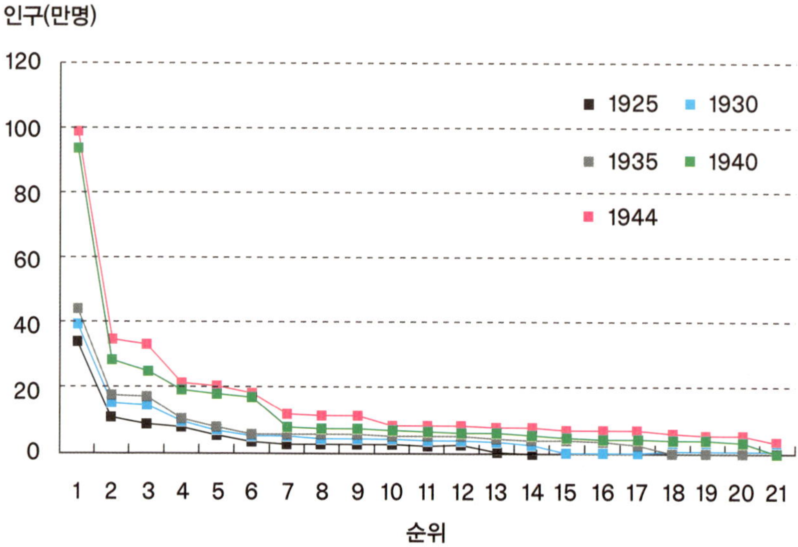

자. 먼저 분석 단위에 대한 약간의 설명이 필요하다. 강점기 동안, 특히 1930년대에 도시의 행정경계 변동이 심하였다. 도시가 성장하면 종종 이웃 군의 일부가 도시에 편입되는 일이 벌어진다. 이에 따라 인구에 아무런 변동이 없더라도, 통계상 도시는 인구가 늘어나는 반면 이웃 군은 인구가 줄어든 것처럼 집계된다. 근교(近郊)의 도시화로 인한 행정구역 개편은 이처럼 부·군별 인구 증감을 살필 때 연구자에게 고통을 안겨주는 대목이다.

이런 통계상의 잡음을 해소하기 위해, 행정경계의 변동이 있었던 인접한 부와 군은 하나의 단위구역으로 통합하여 그 증감 상황을 분석하였다. 강점기 동안 거의 모든 도시(부)의 행정경계가 변동되었으며, 이를 열거하면 다음과 같다. 중부와 남부 지방에서는 경성부와 이웃한 고양군 및 시흥군, 개성부와 개풍군, 인천부와 부천군, 대전부와 대덕군, 전주부와 완주군, 군산부와 옥구군, 광주부와 광산군, 목포부와 무안군, 부산부와 동래군, 대구부와 달성군, 진주부와 진양군, 마산부와 창원군 등이다. 북부 지방에서는 해주부와 벽성군, 평양부와 대동군, 진남포부와 용강군, 신의주부와 의주군, 청진부와 경성군, 나진부와 경흥군, 성진부와 성진군, 함흥부와 함주군, 원산부와 문천군 및 덕원군 등이다. 이 밖에 삼수군, 갑산군은 나중에 일부 경계가 조정되는 동시에 혜산군이 신설되어, 삼수-갑산-혜산군을 하나의 분석단위로 통합할 수밖에 없었다. 1943년에 청진부는 다시 부령군 일부를 편입하였지만, 청진부와 부령군을 통합하게 되면, 이미 청진군과 경성군을 통합한 터에 부령군까지 통합하면 분석단위구역이 지나치게 커지는 문제를 피하기 위해 부령군은 독자적인 단위구역으로 남겨 두었다.

‹그림 V-4›는 부·군별 인구증감률을 나타낸 것이다. 여기서 증감률이란 연평균 증가율이 아니라 단순히 기준년도인 1925년에 비해 단위구역의 인구가 1944년까지 얼마나 늘어났는가를 백분율(%)로 표현한 것이다. 지도에서는 판독에 편리하도록 증감율 구간을 20% 단위로 나누어 표시하였다. 전국의 증가율이 32.8%이었으므로, 20~40% 구간이란 전국 수준 안팎의 인구 증가를 이룬 곳, 40% 이상 구간은 전국보다 더 빠른 인구 증가를 겪은 곳, 20% 미만 구간은 전국보다 느린 인구 증가, 감소 구간은 절대 감소를 겪은 곳이라는 의미를 지닌다.

지도에서는 세 가지 경향이 복합되어 있는 것으로 보인다. 첫째는 도시(府)의 성장, 즉 도시화 추세이고, 둘째는 북부 지방과 남부 지방에 뚜렷한 차이를 보이는 것이며, 셋째는 해안과 내륙 지방의 인구 증감 차이가 두드러지는 것이다.

그림 V-4

부·군별 인구증감률, 1925~1944

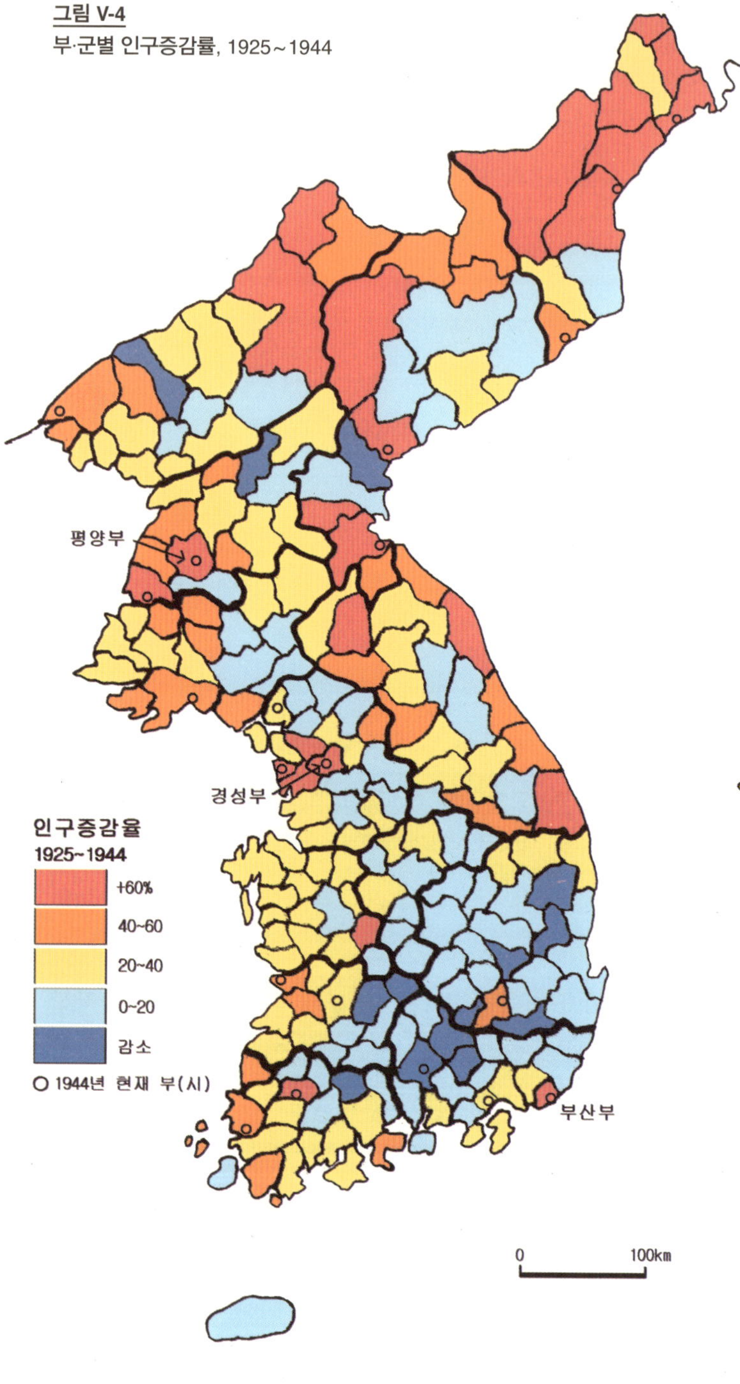

부의 인구 성장은 이미 수치로 살펴본 바 있으며, 지도에서도 도시와 그 인접 군의 성장세가 두드러지는 반면 다수의 농촌 군이 전국 인구 증가율에 못 미치는 것을 다시금 확인할 수 있다.

북부 지방과 남부 지방은 뚜렷이 달라서, 평안남북도, 함경남북도, 황해도 및 강원도의 인구 증가율은 경상도나 전라도의 그것보다 크게 높다. 남부 지방에서는 일부 군 특히 경상도와 전라도의 내륙 산지에 위치한 군들에서 인구가 절대 감소하는 것을 잘 볼 수 있다. 또한 경상도는 일부 해안 지방을 빼고는 모두 전국 인구 증가율에 못 미치는 것으로 나타났다.

북부 지방에서 인구가 급증한 데에는 두 가지 원인을 꼽을 수 있을 것이다. 첫째는 북부 지방의 군 가운데 상당수가 인구 규모가 작은 것이 높은 인구 증가율을 귀결하였을 것이다. 기준 년도에 인구 규모가 작으면, 비교적 적은 수의 인구 유입으로도 계산상 높은 증가율을 낳을 수 있기 때문이다. 다른 한 가지 유력한 이유로는, 남부 지방과 정반대로 북부 지방에서는 산지에 있는 군에서도 인구 급증 사례가 많은 것으로 보아, 자원의 개발이나 공업의 발달이 인구 유입에 상당히 기여하였을 것으로 보인다. 비슷한 경향으로 중부에서는 산지가 많은 강원도에서도 엿볼 수 있다. 특히 증가한 인구의 상당 부분은 남부 지방으로부터의 유입에 의한 것으로서, 남부 지방의 군 가운데 인구 증가율이 크게 낮거나 절대 감소를 보이는 것도 이러한 남→북의 인구 흐름과 관련이 있다.

해안과 내륙 지방의 대조는 남부나 북부 지방에서 공통되는 현상으로, 경상도 동해안 등 일부 지방을 제외하고는 한반도의 거의 모든 해안 지방에서 적어도 전국 인구 증가율에 버금가거나 더 높은 증가를 보이고 있다. 특히 강원도 동해안, 평안도 서해안 등지의 인구 증가 경향이 뚜렷하다.

4) 철도 접근성과 인구의 성장

강점기의 한반도 인구 분포와 증감 현상은 철도교통과 어떤 관련이 있었을까? 단순히 육안으로 인구증감률을 나타낸 지도와 철도망 지도를 비교해 양자의 관계를 단번에 파악하기란 쉽지 않은 일이다. 따라서 철도망으로 본 접근성과 인구증감의 관계를 파악하기 위하여, 여기에서는 약간의 통계분석을 시도한다. 먼저 부·군 단위로 1925년과 1944년 현재 철도 노선이 지나는지 여부와 해당 연도의 인구규모의 관계를 교차분석으로 검토하고, 이어서 분산분석법(分散分析法)을 이용하여 철도 노선이 지나는 부·군과 그렇지 못한 곳의 인구증감률 평균 차이를 검정하였다. 철도 노선은 본토에서만 놓여 있었으므로 섬 지방인 제주도, 울릉군, 강화군, 완도군, 진도군, 남해군은 분석에서 제외하였다.

부·군 단위로 1925년과 1944년 현재 철도 노선이 지나는지 여부와 해당 연도의 인구규모의 관계를 교차분석(交叉分析)한 결과는 ‹표 V-5›에 요약되어 있다. 1925년에는 전국 부와 군의 약 40%에만 철도 노선이 지나고 있었으나, 20년 뒤인 1944년에 이르면 약 65%의 부와 군에 철도가 지나가게 되어, 철도 접근성이 전반적으로 향상되었다. 서울 이남 지방에서는 20년 동안 철도 노선이 지나가는 부·군이 약 30%포인트 증가하였으되, 서울 이북 지방에서는 약 40%포인트 증가하여, 북부 지방에서 철도망이 더 빠르게 확충되었음을 알 수 있다.

표 V-5
부·군의 인구 규모와 철도 접근성, 1925년과 1944년

구분		1925년		1944년	
		철도가 지나지 않는 부·군	철도가 지나는 부·군	철도가 지나지 않는 부·군	철도가 지나는 부·군
전국		125	87(41.0%)	75	137(64.6%)
지역	남부 지방	71	47(39.8%)	48	70(59.3%)
	북부 지방	54	40(42.6%)	27	67(71.3%)
부·군의 인규 규모	20만 명 이상	-	4(100.0%)	-	18(100.0%)
	15~20만 명	2	12(85.7%)	3	23(88.5%)
	10~15만 명	22	25(53.2%)	14	40(74.1%)
	5~10만 명	75	41(35.3%)	52	52(50.0%)
	5만 명 미만	26	5(16.1%)	6	4(60.0%)

철도 접근성의 차이는 부·군의 인구 규모에서도 뚜렷이 드러난다. ‹표 V-5›에서, 1925년과 1944년 모두 인구 규모가 큰 곳일수록 철도가 지나는 경우도 많은 경향이 뚜렷하다. 이는 철도가 놓여 접근성이 개선되면 인구를 더 불러들이는 측면도 있지만, 철도가 교통 수요가 많은 곳부터 먼저 놓이기 시작하는 경향이 있음도 아울러 보여주는 것이다.

철도 노선이 지나는 부·군과 그렇지 못한 곳의 인구증감률 평균 차이를 분산분석한 결과는 ‹표 V-6›에 요약되어 있다. 철도 접근성이 개선되면 인구 성장을 이끌 것이라는 가설 아래, 1925년 현재 철도망이 지나는 부·군과 그렇지 못한 곳은 1925~1944년 동안 인구 성장률에 통계적으로 의미있는 차이를 나타내는지를 검정하고, 또 1930년 현재 철도가 지나는 부·군과 그렇지 못한 군 사이에도 같은 분산분석을 시행하여 본 것이다. 또 이러한 분석을 전국에 대하여 먼저 수행한 다음, 서울 이남 지방과 이북 지방에 대하여 같은 분석을 반복하였다.

표 V-6
부·군의 인구증감률(1925~1944)에 대한 분산분석 결과

지역	부·군	1925년의 철도망으로 부·군 구분			1930년의 철도망으로 부·군 구분		
		N	인구증감률 평균	F비 (유의수준)	N	인구증감률 평균	F비 (유의수준)
전국	철도 없음	125	27.3	3.004	103	22.8	12.871
	철도 있음	87	34.6	(.085)	109	37.3	(.000)
	합계	212	30.32		212	30.3	
남부 지방	철도 없음	71	17.8	6.244	60	16.5	7.388
	철도 있음	47	28.0	(.014)	58	27.4	(.008)
	합계	118	21.9		118	21.9	
북부 지방	철도 없음	54	39.8	0.109	43	31.6	5.684
	철도 있음	40	42.2	(.743)	51	48.6	(.019)
	합계	94	40.8		94	40.8	

주 N은 부와 군의 수를 나타내며, 인구증감률 평균의 단위는 %임.

흥미롭게도 분산분석 결과는 1925년의 철도 접근성을 기준으로 부·군을 나누었을 때 집단간 평균 차이가 뚜렷하지 못하였다. 특히 북부 지방에서 철도 접근성으로는 부·군의 인구 증감의 차이가 전혀 드러나지 않았으며, 전국에 대한 분석에서도 집단간 평균 차이가 잘 드러나지 않았다. 반면 1930년의 철도 접근성으로 부·군을 나누었을 때에는 전국, 남부와 북부 지방의 세 가지 분석에서 모두 유의미한 결과를 나타내었다. 왜 이런 분석 결과를 낳게 되었을까? 이는 1925년에는 5대 간선(경부선, 경의선, 호남선, 경원선, 함경선)과 일부 지선(경인선, 군산선, 평남선 등)만 있었던 때여서 철도 접근성으로 부·군을 구분하는 것이 큰 의미를 지니지 못했던 때문일 것이다. 1925~1930년 사이에 새 노선들이 대거 개통되어 1930년에는 안성선(천안~안성), 장항선(천안~장항), 충북선(조치원~충주), 경북선(김

천~안동), 경전선(삼랑진~진주), 대구선(대구~포항), 광주선(송정리~순천), 황해선(황해도 일대의 해주선, 장연선, 배천선, 옹진선을 총칭함), 금강산선(철원~내금강), 함북선(회령~나진), 함남선(함흥~상통 및 송흥~풍상 구간)이 분석에 포함되었고, 철도 접근성에 의한 부·군 구분이 비로소 제 의미를 갖추게 된 것이다. 이는 결국 강점기에 간선 연변보다는 지선 연변에서 인구가 더 많이 늘어났었다는 사실을 말해주는 것이다.

철도 접근성과 인구 성장의 관계는 그리 단순한 것은 아니다. 철도와 인구 성장의 관계가 본래 우회적이기 때문이다. 항만과 해안 평야지대에서의 수산업, 무역, 제조업의 발달, 북부 지방의 자원 개발 등은 인구 유입에 직접적인 원인이 될 터이지만, 철도 노선이 생김으로서 개선되는 접근성이 지역경제와 인구에 미치는 영향은 우회적일 수밖에 없다.

또한 철도가 인구의 유입과 성장을 앞장서 이끌었다기보다는, 이미 존재하고 있었던 교통 수요를 충족시키기 위하여 뒤늦게 부설되었을 가능성도 생각해 볼 수 있다. 바꾸어 말하면, 철도와 지역 성장 사이의 인과관계는 어느 것이 원인이요 결과인지 분명하지 못한 측면도 있었을 것이다. 한반도의 철도망은 애초 일본의 이익을 고려하여 전략적으로 구상되었기 때문에, 지역 주민의 교통 수요를 충족시킨다는 것은 부차적인 과제에 불과했을지 모른다. 그러나 경부선과 경의선과 같이 일본과 만주 지방을 연결하기 위하여 가장 먼저 부설된 노선을 제외한다면, 다른 지선에서는 철도 노선이 인구 밀집지역을 지나도록 설계된 것을 종종 볼 수 있다. 이런 사례는 특히 호남선, 전라선, 군산선, 경전선 등이 지나는 전라도와 경상도 지방에서 잘 볼 수 있다. 호남선이 지나는 익산(이리), 김제, 정읍, 나주 등지는 1925

년에 이미 인구 10만 명이 넘는 큰 군들이었다. 우리는 흔히 익산이 호남선과 군산선이 만나는 요역이 되어 비로소 성장한 것처럼 해석하는 경우를 볼 수 있으나, 시작부터 이미 상당히 큰 규모의 중심지였던 것이다. 물론 인구 증감을 살필 수 있는 자료가 1925~1944년까지 20년에 불과하여, 철도교통망이 장기간에 걸쳐 지역에 미치는 영향을 제대로 짚어내기는 처음부터 한계가 있었음도 유념할 필요가 있다.

끝으로 독일의 지리학자 라우텐자흐(Lautensach, 1945)의 강점기 한반도 연구에서 인구 증감 양상과 교통 사이의 관계를 엿볼 수 있는 대목이 있기에 여기에 인용한다. 그는 한반도 전역의 61개 부와 읍을 대상으로 1910년~1937년의 인구 증감을 고찰하였다. 그의 분석 결과에서 주목할만한 것들을 간추리면 첫째, 61개 도시 가운데 10개 도시만 아직 철도에 연결되지 않고 있었으며, 둘째, 61개 부(府)와 읍(邑)은 인구 성장률에 따라 6개의 도시 집단으로 나눌 수 있다[18]. 이 가운데 전국의 인구 증가율에 못 미치는 도시로는 공주, 의주와 같이 일찍 도청이 다른 곳으로 이전한 도시, 폐쇄된 개항장 마산, 그리고 충무와 개성 등을 꼽았다. 공주와 충무는 철도와 연결되지 않는 도시이고, 의주도 나중에 신의주~의주~덕현 사이에 철도 노선이 생기기는 하지만 그 역할은 경의선의 한낱 지선에 불과하였다. 이상을 종합할 때, 강점기 초기에서 중기 동안 빠른 도시화 추세가 철도부설로 인한 접근성의 개선과 무관하지는 않았다고 평가할 수 있을 것이다.

라우텐자흐는 더 나아가 그의 책 마무리 부분(p.841)에서 한반도의 각 지역을 식민화 정도에 따라 다음과 같이 10개의 등급으로 구분하였다.

1. 5대 도시, 서울, 평양, 부산, 대구, 인천
2. 다른 큰 항구도시
3. 다른 공업 중심지,
   철도 결절지 및 주요 행정 중심지
4. 대부분의 군청 소재지
5. 제주도를 제외한 남부의 시골 군지역
6. 중부 지방과 북부 황해안 지역의 시골 군 지역
7. 북부 동해안 지역의 시골 군 지역
8. 한반도의 동해안 지역
9. 중부 지방의 산악 지역
10. 개마고원과 백두산과 그 주변

18 라우텐자흐가 인구성장율(1910~1937년)에 따라 나눈 도시 집단은 다음과 같다. (라우텐자흐, 1945, pp.782~786)

그룹 1: 1910년에 시나 읍이 아니거나 작은 마을이어서, 인구통계를 구할 수 없는 곳, 나진, 흥남

그룹 2: 1910년 직전 발달한 도시로 매우 높은 인구 성장률을 보인다. 청진(124.8%), 송림(124.8%), 신의주(50.8%), 목포(66.4%)

그룹 3: 연평균 인구 성장률 약 30%의 도시: 대전(31.2%), 진주(31.2%), 청주(27.9%) 등 과거 또는 현재 도청소재지

그룹 4: 연평균 13-20% 증가. 4개의 도청 소재지(춘천 20.1%, 나남 15.2%, 평양 14.1%, 광주 13.6%), 몇몇 개항장, 특히 군산(17.7%)

그룹 5: 대다수의 도시가 이 집단에 포함되며, 연 7-10% 성장률을 보였다. 이는 전국 성장률의 3-4배. 이 집단의 도시들은 성격이 서로 상당히 다른 몇 개의 소그룹으로 구성되어 있다: (1) 도청소재지로 이미 상당한 인구를 가진 도시: 대구(9.7%), 함흥(8.3%), 해주(7.9%), 전주(7.5%). (2) 가장 오래된 개항장: 인천(10.5%), 원산(10.2%), 진남포(7.7%), 부산(7.4%). (3) 북부 국경지대의 몇몇 도시: 회령(9.3%). (4) 기타 군청 소재지: 수원(9.1%) 등

그룹 6: 인구 성장률이 전국 평균과 같거나 못 미치는 도시: 공주(2.5%)나 의주(2.3%)처럼 일찍 도청이 옮겨간 도시. 폐쇄된 조약항구 마산(2.7%), 충무(2.9%), 개성(2.5%)

라우텐자흐가 왜 이런 지역구분을 하게 되었는지 자세히 설명하고 있지는 않지만, 한반도의 지형적 조건 및 지리적 위치와 함께 교통 접근성이 식민화 정도를 구분하는 데 핵심적 기준으로 쓰였던 것은 분명해 보인다. 철도와 같은 근대 교통수단이 생겨나기 전에도 산지가 많은 북부와 동부는 인구와 경제 활동이 뜸했으며, 바닷가와 내륙 수로에서 먼 곳은 오고가기에 불편했을 터이다. 이런 상황에서 식민세력이 데리고 온 철마(鐵馬)가 한편으로는 한반도의 기존 지역 구조와 중심지 체계를 더욱 공고히 하고, 다른 한편으로는 철도 접근성이 뛰어난 일부 항만과 철도 결절(結節)의 지위를 높이는 데 기여하게 되었다. 이는 수치자료의 정교한 분석을 거치지 않아도 파란 눈의 지리학자가 추론하기에 그리 어렵지 않았을 것이다.

5. 사례 노선의 역별 수송량 고찰

이 절에서는 일부 사례 노선을 대상으로 각 역의 여객과 화물량을 시기별로 살펴보고, 그 변화를 통해서 철도 개통 이후 연선에서 일어나는 지역의 변화를 다루어 보겠다. 사례 노선은 가장 중요한 간선인 경부선, 그리고 서울 이북 지방의 간선으로 함경선을 택하였으며, 지선의 사례로는 경상남도의 경전선과 충청남도의 주요 사설철도인 장항선을 택하였다. 북부 지방에도 지선은 많지만, 대부분 그 개통 시기가 늦고 산업철도가 많았기 때문에 고려 대상에서 제외되었다.

사례 노선마다 철도 개통시기가 다르므로, 경부선과 경전선은 1910년과 1937년, 함경선은 1920년과 1937년, 장항선은 1930년과 1937년의 역별 여객 및 화물 취급량 구성비(이하 '취급률')를 비교하여 각 노선의 지역변화 양상과 특징에 대해서 설명하려고 한다. 다만 경전선의 경우는 삼랑진~마산 간 개통이 이루어진 1910년, 삼랑진~마산~진주까지 전체 노선이 개통된 이후인 1930년과 1937년 세 시기를 비교한다. 간선 철도인 경부선과 함경선은 노선이 길고 역이 많아서 수송량 취급률 상위 15개역을, 이보다 노선이 짧은 지선 철도 장항선과 경전선에서는 상위 10개역을 시기별로 비교하였다.

또한 이런 성장과 변화를 공간적인 측면에서 분석하기 위해, 한 노선의 역을 선(線)상에 지리적 위치에 따라 배열한 다음, 각 역의 구성비를 그래프로 나타내었다. 지도에 구성비를 표현하기보다는 그래프에 나타내는 것이 공간적인 변화를 살펴보는 데 더 효율적인 것으로 판단하였기 때문이다. 다만 노선을 구성하고 있는 역의 수가 상당히 많아 역의 이름을 일일이 그래프에 모두 표시를 할 수가 없으므로 중요한 변화를 보이는 역만 그 이름을 표기하였다.

1) 경부선

경부선은 서울에서 부산까지 450.5km의 노선으로 중간에 대전, 대구 등 요역을 거친다. 이 노선은 한반도에서 제일 일찍 개통된 간선일 뿐 아니라 여객과 화물 수송량이 가장 많았으며, 21세기인 지금도 제일 중요한 노선으로 기능하고 있다.

경부선은 수송량에서 기종점인 서울과 부산의 여객 및 화물의 취급률이 압도적으로 크다. 특히 서울의 경우는 취급률이 다소 줄어들기는 해도 대략 40% 정도의 취급률을 꾸준히 유지하고 있다. 반면 부산의 화물 취급량은 20%(1910년) → 25%(1937년)로 증가하지만, 여객의 취급률은 18.5%에서 8.3%로 급격하게 줄어든다. 부산의 경우 화물의 취급률이 여객에 비해 압도적으로 높게 나타나는 이유는 한국의 가장 큰 항구도시로서 부산의 특성을 반영한 것으로 보인다. 항공교통이 발달하지 않은 당시에 화물의 반입 및 반출 관문으로서 항만의 역할은 절대적이었으며, 부산은 한국 제1의 관문으로서 화물 운송에 중요한 역할을 담당하였다. 이와 맞물려 화물 운송 면에서 부산의 철도교통 위상은 상당한 것이었으며 시간이 지날수록 그 위상은 더욱 강화되었다.

표 V-7

경부선의 여객과 화물 취급량 상위 15개 역

여객(%)				화물(%)			
1910년		1937년		1910년		1937년	
서울	42.7	서울	39.1	서울	41.6	서울	38.6
부산	18.5	부산	8.3	부산	20.1	부산	25.7
대구	5.1	대구	7.8	대구	5.5	대구	8.7
수원	3.6	대전	4.9	대전	5.4	대전	3.1
구포	2.3	수원	3.1	평택	2.6	김천	2.4
대전	2.2	조치원	2.1	김천	2.4	수원	2.1
천안	1.9	김천	2.1	경산	2.3	천안	1.6
김천	1.8	천안	2.0	왜관	2.1	조치원	1.6
밀양	1.6	구포	2.0	구포	2.0	밀양	1.4
조치원	1.6	밀양	1.9	수원	1.9	안양	1.2
삼랑진	1.5	평택	1.8	조치원	1.8	평택	1.1
경산	1.5	안양	1.6	밀양	1.5	유천	1.0
평택	1.3	왜관	1.4	청도	1.0	청도	1.0
영동	1.2	오산	1.3	영동	1.0	구포	1.0
왜관	1.2	성환	1.2	천안	1.0	영동	0.9
취급률 합계	88.0	취급률 합계	80.6	취급률 합계	92.2	취급률 합계	91.4

* 음영은 1937년에 상위 15개역에 새롭게 포함된 역을 의미함

서울과 부산을 제외한 다른 역들의 수송량 취급률 변화를 그래프로 표현하여 보았다(‹그림 V-5›와 ‹그림 V-6›). 그림은 좌측에서 우측으로 사상역에서 시흥역까지의 취급률 변화를 차례로 나타내고 있다. 그림에서 삽도(揷圖)에서는 경부선의 모든 역을 다루고 있으나, 본도(本圖)에서는 서울과 부산역을 제외한 다른 역들의 취급률을 나타내고 있다. 이는 서울과 부산 두 역의 취급률이 워낙 압도적이어서, 두 역을 그래프에 포함시키면 다른 역들의 취급률 차이가 잘 드러나지 않기 때문이었다.

연선 지역의 구조 변화를 볼 때, 여객의 경우 가장 큰 특징

은 경부선이 건설되면서 형성되었던 계층성의 틀이 시간이 지날수록 유지, 강화되는 경향을 띤다는 것이다. 1910년과 1937년 두 시기의 그래프 패턴이 거의 비슷한 것을 볼 수 있다. 대구, 대전, 조치원, 천안 등 1910년 당시에 상당한 취급률을 가지고 있던 지역들이 1937년에는 취급률이 더욱 높아졌으며, 수원이나 구포 등도 1937년에 다소 취급률이 줄어들기는 하지만 상당히 높은 취급률을 유지하고 있는 형상이다. 대구선, 호남선, 충북선, 장항선과 안성선, 수려선과 수인선 등의 지선이 각각 대구, 대전, 조치원, 천안, 수원역에서 갈라지고, 이 분기역들의 취급률이 초기부터 이미 상당하였다는 사실이 일부나마 이런 지역의 성장을 설명할 수 있을 것 같다. 또 하나의 특징으로는 서울에서 가까운 경기도 역들의 성장을 꼽을 수 있다. 안양, 오산, 성환 등이 그 예이다.

그림 V-5
경부선의 역별 여객 취급률, 1910년과 1937년

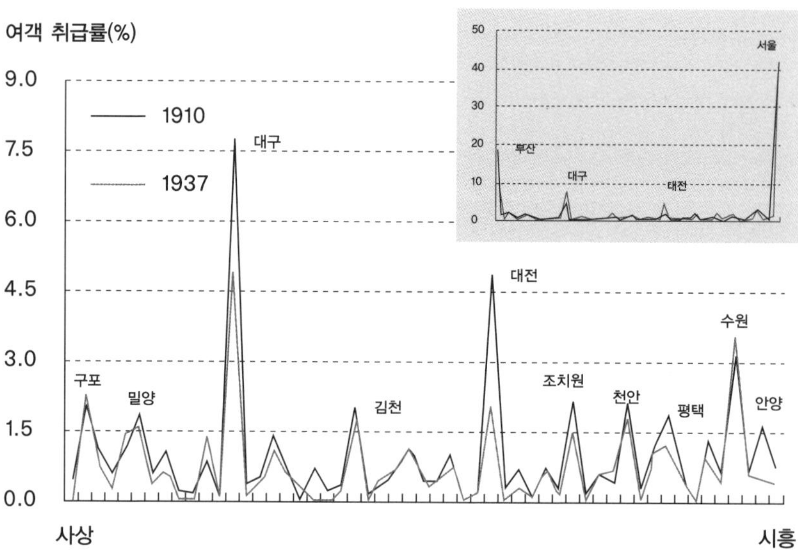

화물의 경우는 여객과는 그 양상이 다소 다르다. 그래프에 포함되지 않은 부산의 두드러진 성장에 대해선 이미 설명하였다. 그래프를 보면 대구가 부산 못지않은 성장세를 보이고 있으며 천안과 수원 또한 성장세를 유지하고 있다. 반면 부산 주변의 구포, 대구 인근의 경산과 왜관, 그리고 천안과 수원 사이에 있는 평택 등지의 취급률은 눈에 띄는 감소세를 보여주고 있다. 이를 통해서 볼 때 대구와 부산 등 특정 대도시 역을 중심으로 화물 수송의 집중이 이루어지고 있으며, 화물 측면에서 이 역의 배후지가 점차 확대되면서 그 주위에 일종의 그림자 효과(shadow effect)를 나타내고 있는 것으로 설명할 수 있다. 다만 대전의 화물 취급률 감소는 상당히 흥미로운 것으로 좀 더 면밀한 검토가 필요한 것으로 보인다.

그림 V-6
경부선의 역별 화물 취급률, 1910년과 1937년

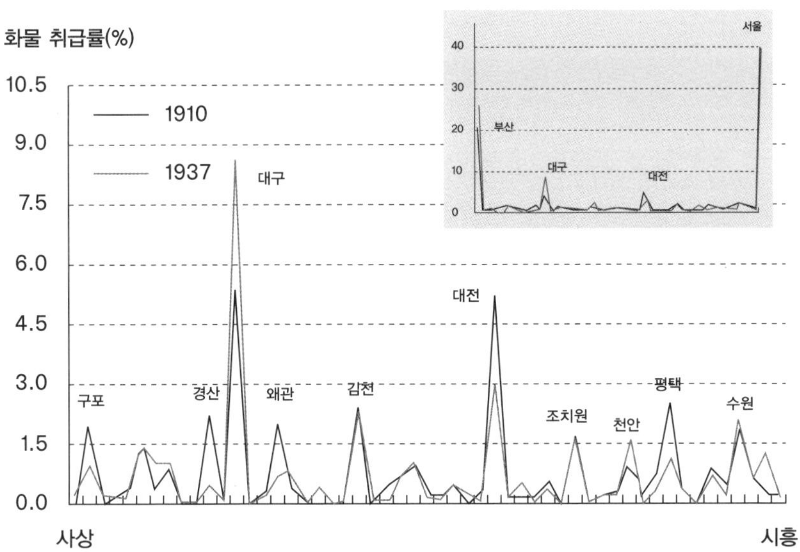

2) 함경선

함경선은 함경남도 남부의 덕원(원산 부근)에서 동해안을 따라 함경북도 청진까지 이른 다음, 방향을 내륙으로 바꾸어 함경북도 회령까지 이르는 노선으로, 길이가 617.6km로 한반도 노선 가운데 가장 길 뿐 아니라 함경도 지방의 주요 도시를 모두 거치는 핵심 노선이기도 하다. 이 노선은 세 부분으로 나누어 공사가 진행되었으며, 함경남부선의 덕원~함흥 구간과 함경북부선의 수성~청진 구간이 1915년에 첫 개통된 다음 노선을 계속 연장하여 나갔고, 1924년에는 함경중부선의 단천~길주 구간이 개통되고, 1928년에 전 노선이 연결되기에 이른다.

함경선은 1920년과 1937년 사이의 수송량 변화가 상당히 크게 나타난다. 하지만, 이것은 1920년에는 함경선 전 노선 중 중부에 해당하는 본궁~생기령 사이가 미개통 상태로 남아 있다가 1928년에 최종적으로 전 노선이 완전 개통되었고 그 결과가 1937년 통계에 반영되었기 때문이다.

여객 부문에서 1920년에 비해서 1937년에 취급률이 전체적으로 고르게 낮아지는 현상 역시 같은 이유 때문이다. 전 노선이 개통되기 전에는 함경북부선의 경성~청진~회령 구간과 함경남부선의 덕원~함흥 구간은 여객 취급량에서 다른 양상을 보여준다. 함경북부선에서는 청진, 회령 등 노선의 기종점에 승객들이 집중되어 있으나, 함경남부선에서는 승객의 분포가 여러 도시에 상대적으로 고르게 분포되어 있다. 당시 함경북부선은 다른 노선과 연결되어 있지 않은 채 고립된 상황이었으므로, 청진, 회령 등 주요 도시의 중심성은 상대적으로 높게 나타날 수밖에 없다. 반면, 함경남부선은 경원선과 연결되어 있었기에, 경원선을 함

표 V-8

함경선의 여객과 화물 취급량 상위 15개 역

여객(%)				화물(%)			
1920년		1937년		1920년		1937년	
청진	12.9	함흥	6.1	회령	21.2	청진	16.5
나남	12.0	청진	5.6	청진	20.8	흥남	15.2
함흥	9.9	회령	5.2	나남	9.4	성진	8.8
회령	8.2	성진	4.9	함흥	9.0	길주	6.4
영흥	7.1	나남	4.1	문천	6.1	고무산	6.3
문천	4.8	길주	3.4	마장	5.3	회령	6.0
신상	4.8	주을	2.8	영흥	5.1	함흥	5.3
고원	4.7	신포	2.7	신상	4.2	영안	5.0
경성	3.7	단천	2.4	수성	3.8	나남	3.1
마장	3.5	영흥	2.4	정평	2.9	본궁	3.0
수성	3.5	경성	2.4	부령	2.9	노동	2.1
정평	3.4	고원	2.2	고무산	1.6	문평	1.9
흥상	3.2	전진	2.1	고원	1.6	단천	1.7
전탄	2.8	농성	2.0	경성	1.6	주을	1.5
덕원	2.7	신상	1.9	풍상	1.5	생기령	1.4
취급률 합계	87.2	취급률 합계	50.2	취급률 합계	97.0	취급률 합계	84.2

* 음영은 1937년에 상위 15개역에 새롭게 포함된 역을 의미함

흥까지 확장한 노선으로서 기능하고 있었다. 그러므로 이 일대의 역들은 순수한 함경선의 여객 수요와 더불어 경원선의 여객 수요도 담당하는 역할을 하였고, 이것을 승객 분포가 비교적 고르게 나타나는 배경으로 생각할 수 있다. 하지만 전 노선이 개통된 후에는 승객의 수송량이 전 노선에 걸쳐 고르게 분산되는 형태를 띤다. 특히 성진, 길주, 주을, 신포, 단천 등 함경선의 전통(全通) 후 새롭게 성장한 철도 교통의 중심지들의 역할이 컸다.

그림 V-7
함경선의 역별 여객 취급률, 1920년과 1937년

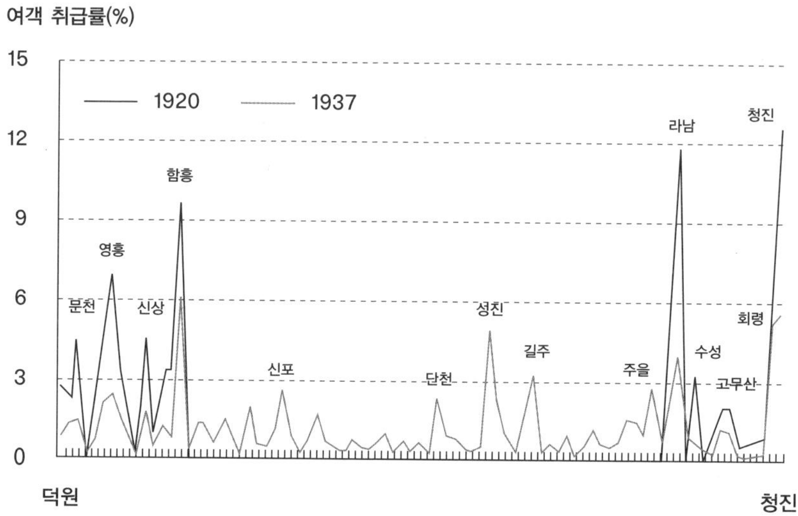

노선의 길이가 워낙 길고, 지형적 여건상 연변에 함경도의 주요 도시가 모두 입지하는 특징도 수송량이 여러 역에 고르게 분산되는 데 상당히 기여했을 것으로 보인다.

화물의 경우도 함경선의 전통 이전 함경남부선과 함경북부선에서 보여주는 역별 분포 양상과 전통 이후 성진, 길주, 영안 등 새로운 철도 교통 중심지가 성장하는 양상이 여객의 경우와 비슷하다. 다만 전 노선 개통 이후에는 역별로 고른 분포를 보이지 않고 특정 지역을 중심으로 더욱 집중 분포하는 양상을 보인다. 이는 경부선에서 보이는 변화와도 비슷하다. 하지만 함경선은 여객 수송의 중심지와 화물 수송의 중심지가 반드시 일치하지는 않는다는 점을 특징으로 꼽을 수 있다. 흥남, 고무산, 영안, 본궁 등이 그 예로서, 이 역들은 여객 수송의 비중은 크지 않지만 화물 수송에 있어서는 상당한 중요성을 지니고 있다.

그림 V-8
함경선의 역별 화물 취급률, 1920년과 1937년

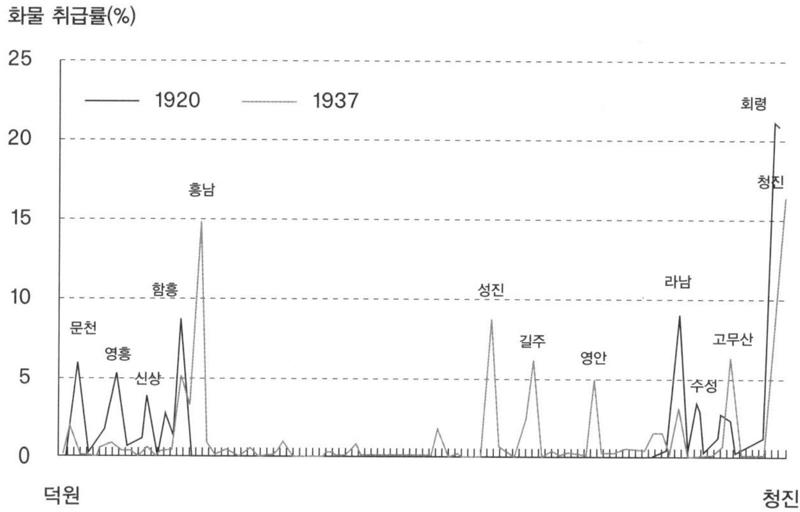

청진, 성진, 길주 등은 여객 수송의 중심지이면서도 화물 수송의 비중이 여객 수송에 비해 2~3배가량 높다. 이런 현상은, 경부선에서 부산을 제외하고는 여객 수송의 취급률이 화물 수송의 취급률과 거의 유사하거나 다소 높았던 점과 다르다. 함경선은 한반도 북부의 간선 철도로서의 역할 뿐만 아니라 함경도 일대의 풍부한 지하자원과 삼림자원을 수송하는 산업철도로서의 역할도 겸하고 있었다. 또한 비슷한 목적의 많은 노선들이 함경선에서 분기하여 건설되었다. 고무산에서 갈라지는 무산선(고무산~무산), 길주에서 갈라지는 혜산선(길주~혜산진)과 같은 주요 지선 뿐 아니라 소규모 산업철도 등이 비슷한 시기에 건설된 노선이다. 또한 청진, 흥남, 성진, 본궁 등지에 함경도의 자원을 활용한 중화학 공업지대가 형성되었으며, 청진, 흥남, 성진 등은 주요 항구로서 화물의 반출입이 활발하게 일어나는 곳이기도 하였다. 이런 특징들이 함경선에서 화물 수송의 요역들을 다수 형성시킨 배경일 것이다.

3) 장항선

장항선은 경부선의 천안에서 분기하여 충청남도의 서부 중심지들을 거쳐 남쪽 끝 금강 어귀에 위치한 장항까지 연결하는 대표적인 지역경제 개발형 노선의 하나이다. 사설철도회사 조선경남철도에 의해서 건설되었으며, 처음 이름은 충남선이지만, 본고에서는 지금 우리에게 익숙한 이름인 장항선으로 적는다. 1923년에 천안~예산~광천(홍성군) 구간이 먼저 개통된 다음, 꽤 오랜 시간이 지난 1931년에야 종점인 장항까지 전 구간이 개통되었다. 1933년에는 장항항에서 금강 건너편에 있는 군산항과 배로 화물과 여객을 실어 나르게 되어 장항선-경부선-호남선-군산선으로 이어지는 일종의 순환 경로가 만들어졌다.

장항선은 비록 노선의 범위가 충청남도에 국한되기는 하지만 144.2km에 달하는 비교적 긴 노선에 민간 기업이 투자하려면, 수익성을 고려하여 미래 지역발전의 가능성 보다는 우선적으로 현재의 교통 수요를 염두에 두고 투자를 결정하는 경우가 많았을 것이다. 또한 노선의 결정에 여러 지역의 이해관계가 맞물려 있었을 것이고 힘 있는 지역의 의견이 반영되었을 가능성이 크다. 그러므로 장항선의 경우는 철도 건설 이후 지역 구조가 변화되기 보다는 이미 형성된 지역 구조를 따라서 철도 노선이 결정되었고 건설된 철도가 다시 기존 지역 구조를 강화해 나갔을 가능성이 크다.

표 V-9
장항선의 여객과 화물 취급량 상위 10개 역

여객(%)				화물(%)			
1930년		1937년		1920년		1937년	
온양온천	22.8	온양온천	19.1	예산	27.6	장항	34.7
천안	14.1	예산	9.7	천안	14.4	예산	16.1
예산	12.5	천안	8.1	온양온천	13.0	삽교	8.2
홍성	8.9	홍성	7.5	삽교	10.2	온양온천	7.2
삽교	8.9	광천	6.3	홍성	8.2	홍성	6.8
광천	5.8	삽교	6.0	진죽	4.7	광천	4.6
대천	4.8	군산 잔교	4.5	광천	4.5	천안	3.8
선장리	4.3	대천	4.4	선장	3.8	군산 잔교	2.4
신례원	2.6	서천	4.3	신창	3.1	대천	2.1
모산	2.6	신례원	3.7	모산	2.4	판교	2.0
취급률 합계	87.3	취급률 합계	73.6	취급률 합계	91.9	취급률 합계	87.9

* 음영은 1937년에 상위 10개역에 새롭게 포함된 역을 의미함

1930년과 1937년 사이의 각 역의 여객 취급률 변화를 보여주는 그래프를 보면, 비록 7년이라는 짧은 시간이기는 하지만 그래프의 형태에 큰 변화가 없음을 알 수 있다. 온양온천, 천안, 예산, 홍성, 삽교, 광천, 대천 등의 지역들이 꾸준히 철도교통의 주요 중심지 역할을 하고 있었다. 단지 1930년 당시에는 남부의 남포와 판교 구간이 미개통 상태였기 때문에, 이 구간이 개통된 다음 1937년에 판교, 서천, 장항 등의 여객 취급률이 상당히 상승하는 점이 주목할 만하다.

화물 수송에서도 유사한 양상이 일어나고 있다. 예산, 온양온천, 삽교, 홍성, 광천 등이 중요한 화물 수송량 취급률을 유지하고 있다. 장항~판교 구간은 1930년에는 취급률이 크지 못하지

그림 V-9
장항선의 역별 여객 취급률, 1930년과 1937년

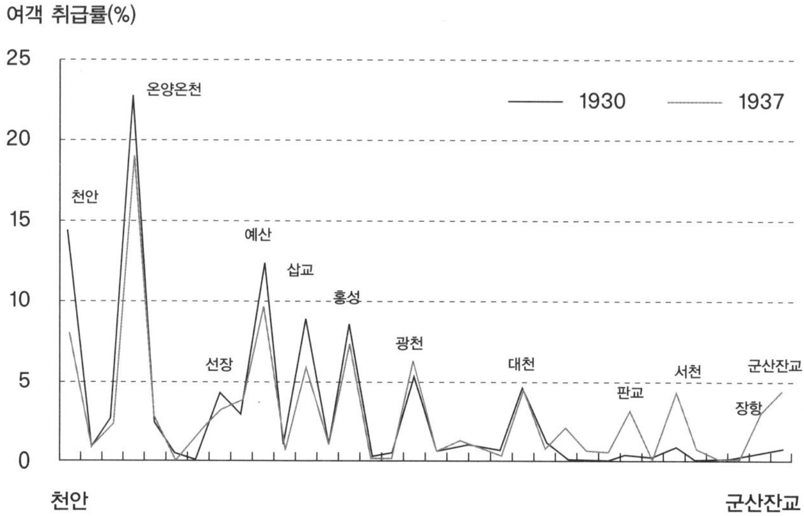

그림 V-10
장항선의 역별 화물 취급률, 1930년과 1937년

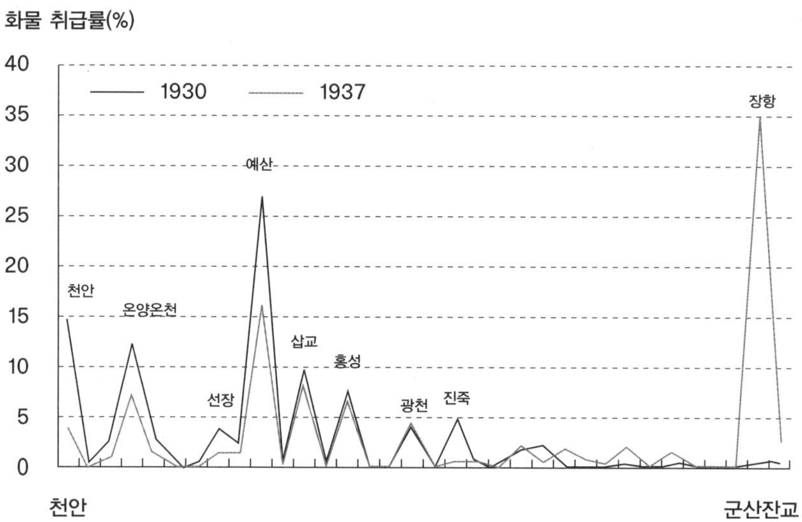

만, 장항선 전 구간이 개통되고 난 1937년에는 장항의 화물 취급률 34.7%로 크게 높아져 있다. 장항선 전통(全通) 이후 천안의 화물 운송 취급률이 크게 떨어진 점이 장항의 위상 강화를 증언한다. 화물의 방향성을 좀 더 검증해봐야 하겠지만, 장항선이 장항까지 완전히 연결되기 전까지 충청남도 지역의 화물 관문은 천안이었다고 볼 수 있다. 경부선과 장항선, 안성선 등이 분기하는 천안에서 집산된 주요 화물들이 충청남도 일대로 반입되거나 전국의 각 지역 및 항구로 반출되었다. 하지만 장항선이 전통된 이후에는 장항 항만으로의 운송이 손쉬워지면서 화물 운송의 중심이 천안에서 장항으로 서서히 옮겨간 듯하다.

이처럼 장항선 개통 단계에 따라서 장항 등 새로운 화물 운송의 중심지가 출현하기도 했지만, 전반적으로는 장항선 배후지의 기존 구조가 크게 바뀌지 않은 모습을 볼 수 있다.

4) 경전선

경전선은 경상남도의 남부 지방(삼랑진~마산~진주)을 따라 놓인 길이 110.1km의 비교적 긴 노선으로, 연변에 마산과 진주 등의 큰 도시들을 연결하여 강점기 철도망에서 차지하는 비중이 적지 않았다. 경전선의 역사는 크게 두 구간으로 나누어 볼 수 있다. 경부선의 삼랑진역에서 갈라져 나와 마산까지 이르는 구간은 원래 군용 철도로 조선통감부에 의해서 건설되어 일찍이 경부선과 거의 비슷한 시기(1908년)에 운행을 시작하였고, 처음에는 마산선이라 불리었다.

마산에서 함안을 거쳐 진주에 이르는 구간은 민간회사인 조선철도에 의해 건설된 것으로, 1924년에는 마산~함안~군북까지, 이듬해 1925년에는 마산~진주 전구간이 개통되었으며, 조선철도 경남선이라 불렀다. 경남선은 1931년 4월 국가가 매수하면서 마산선과 합쳐 경전남부선이라 불리었다가, 나중에 경전선이라 고쳐 부르게 된다. 장항선의 경우에서 보았듯이 사설철도는 이미 수요가 충분히 형성되어 있는 곳을 노선이 지나도록 결정하는 성향이 강하였다. 경상남도 지역의 전통적인 중심지이면서 영·호남을 잇는 길목에 자리 잡은 진주, 그리고 부산을 대체할 만한 관문인 마산항을 연결하는 이 노선의 중요성은 후에 이 노선이 국가에 의해서 매수되는 점을 통해 미루어 짐작할 수 있다.

진주에서 철도를 서쪽으로 더 연장하여 하동을 거쳐 순천까지 잇게 되면 이미 놓여있던 광주선(송정리~광주~순천, 과거 이름으로 경전서부선) 및 전라선(이리~전주~순천~여수, 경전북부선)과 이어져 한반도 남부의 경상도와 전라도 지방을 연결하는 장대 노선이 생기게 되며, 나아가 경부선~경전선~호남선(및 전라선)으로 이어지는 순환 노선 체계를 완성하는 것이 된다. 경전선이란 이름은 원래 이런 원대한 뜻으로 구상된 것이었다. 그러나 진주~순천 구간은 강점기 동안 끝내 연결되지 못하였다가 광복 후에야 비로소 연결된다.

1910~1937년간 경전선의 여객 및 화물 취급량 상위 10개역을 요약하면 <표 V-10>과 같다[19]. 경전선에서 마산이 차지하는 위치는 절대적이다. 특히 경전선이 진주까지 연장된 이후에도 여객의 수송의 취급률은 점차 줄어드는 추세이지만 화물 수송

19 마산선의 상남역에서 갈라져 진해항까지 이르는 구간은 진해선이라 부르며 흔히 마산선의 한 부분으로 다루지만, 여기서는 논의의 초점을 흐리지 않기 위해 분석에서 제외한다.

의 취급률은 크게 변하지 않는다. 경부선 삼랑진역에서 마산을 연결하는 지선의 건설 목적이 부산을 대체할 수 있는 좋은 항구(마산)의 확보에 있었기 때문에 이런 현상은 어쩌면 당연한 것이었을지 모른다.

표 V-10

경전선의 여객과 화물 취급량 상위 10개 역

여객(%)						화물(%)					
1910년		1930년		1937년		1910년		1930년		1937년	
마산	57.8	마산	34.9	마산	29.8	마산	42.2	마산	45.3	마산	43.4
창원	19.9	진영	14.4	진영	13.4	낙동강	31.9	진주	15.7	진주	17.5
진영	16.5	창원	11.4	진주	11.6	진영	18.9	진영	14.0	중리	11.1
낙동강	5.8	진주	6.8	창원	7.1	창원	7.0	낙동강	10.3	낙동강	7.2
		군북	5.0	한림정	5.2			함안	3.5	진영	6.0
		함안	4.9	군북	4.7			군북	2.3	한림정	5.5
		덕산	3.8	함안	4.7			남문산	2.0	군북	2.5
		반성	3.8	반성	4.4			한림정	1.9	반성	2.3
		한림정	3.0	덕산	4.2			창원	1.8	함안	2.0
		낙동강	2.7	남문산	4.0			반성	1.7	남문산	1.0
취급률 합계	100	취급률 합계	90.7	취급률 합계	89.1	취급률 합계	100	취급률 합계	98.5	취급률 합계	98.8

경전선 각 역의 취급률 변화를 보여주는 그래프는 1930년과 1937년을 대상으로 한다. 1910년에는 삼랑진~마산까지 모두 다섯 개의 역밖에 없었으므로 전 구간이 개통된 이후의 사정을 살펴보는 것이 의미가 있기 때문이다. 1930년대에 여객 수송으로 본 경전선의 지역 구조는 큰 변화를 보이지 않는다. 다만 진주와 남문산 등 진주 도시권의 역들에서 취급률의 증가폭이 크게 나

타났다. 화물에서도 진주는 취급률의 증가세를 유지하고 있다. 진주가 가진 전통적인 중심지로서의 기능이 철도가 개통되면서 더욱 강화되는 현상으로 해석할 수 있다. 진주는 경상남도 서부에 위치해 있기 때문에, 부산의 도시세력권에서 멀리 떨어져 독자적인 도시권을 누릴 수 있었다.

화물 수송량 취급률에서 눈에 띄는 변화는 진영과 중리의 지위 변동이다. 김해군의 진영역은 화물 수송량이 1930년에 비해서 1937년에 약간 줄어들었다. 이것이 전 노선에서 진영의 취급률을 크게 떨어뜨린 배경이 되었다. 마산 근교의 중리역은 화물 취급률이 상당히 증가하였는데, 이 역시 추세라기보다는 일시적인 현상 또는 통계상의 착시 현상으로 판단된다. 조선총독부철도국 자료에 따르면 중리의 화물 취급량이 1930년에 비해 1937

그림 V-11
경전선의 역별 여객 취급률, 1930년과 1937년

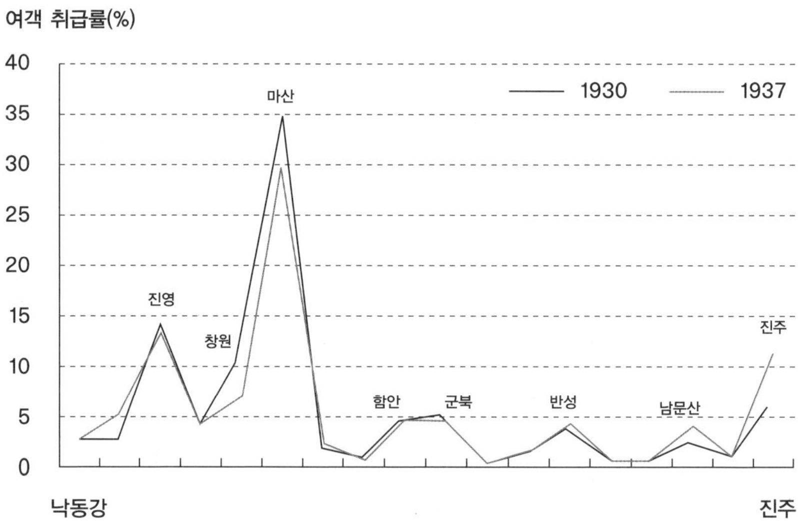

그림 V-12
경전선의 역별 화물 취급률, 1930년과 1937년

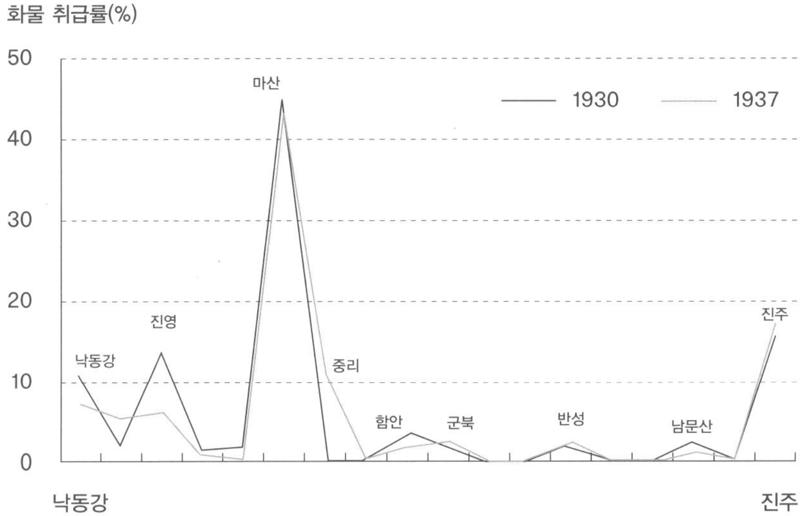

년에 큰 폭으로 증가하였다가 이듬해인 1938년에는 1937년 화물량의 절반가량으로 다시 감소한다[20]. 즉 화물 취급량의 일시적인 출렁임이었거나 마산역 바로 다음에 위치한 중리역의 입지 특성상 그 해에 임시로 마산역의 화물 수송을 분담했을 가능성 등을 생각해 볼 수 있다. 이렇게 본다면 경전선의 화물 수송의 구조 또한 1930년과 1937년 사이에 큰 변화가 있었다고 말하기는 어려울 것이다.

20 진영은 화물 수송량이 1930년 21,709톤에서 20,478톤으로 약간 감소하였으며, 중리의 경우는 1930년 74톤에서 1937년 37,635톤으로 급격히 증가하였다가 다시 1938년 16,732톤으로 감소하였다. (조선총독부철도국 통계 연보)

6) 소결

철도 노선의 개통 초기에는 여객 교통량이 일부 대규모 중심지에 집중하였다가 시간이 지나면서 차츰 중소 도시로 확대되어 나가는 모습을 보였다. 특히 이런 양상은 개통시기가 이르고 노선의 길이가 비교적 긴 간선형 철도, 즉 경부선과 함경선에서 두드러지게 나타났다. 경부선의 안양, 오산, 성환, 청도, 옥천, 함경선의 성진, 길주, 주을, 신포, 단천 등이 새롭게 성장한 여객 수송의 중심지이다. 이런 중심지들이 성장할 수 있었던 것은 해당 지역의 급격한 인구의 증가 때문이라기보다는 철도가 국지 교통수단으로 자리를 잡아간 결과라고 볼 수 있다. 철도 중심의 통행행동이 정착되면서 지방 중심지들도 여객 수송의 결절로 자리매김하게된 것으로 보인다.

노선 전 구간의 개통이 늦었던 경전선과 장항선의 경우에는 지역 구조가 거의 그대로 유지되고 있다. 두 노선 자체가 기존의 중심지 체계를 상당히 반영한 방향으로 건설되었다는 점, 그리고 두 노선이 단계적으로 노선을 확장해 나가면서 기존 지역 구조를 더욱 강화시켰다는 점 등을 생각해 볼 때, 1930~1937년이라는 짧은 기간 동안에 역별 지위에 급격한 변화를 기대하기란 애초부터 무리였을지도 모른다.

화물 운송량 분포의 변동은 여객에 비해 다소 극적으로 나타난다. 노선별로 차이가 있기는 하지만 전반적으로 그 분포는 특정 역에 집중되는 경향을 띠고 있었다. 경부선의 부산, 함경선의 청진, 흥남, 성진, 경전선의 마산, 장항선의 장항 등 항구도시들이 그 사례이다. 특히 장항과 같은 경우는 짧은 기간에 화물 수송량의 급성장을 보이고 있다. 이를 통해 화물 수송에 있어서 항구와 철도 수송의 연계성이 상당히 중요하였음을 엿볼 수 있다.

노선에 따라서는 내륙에 화물 운송의 중심지가 형성되는 경우도 있었다. 경부선의 대구, 경전선의 진주, 함경선의 회령, 고무산, 길주 등이 그 사례이다. 대구와 진주는 조선시대에 이미 손꼽히는 중심지로 기능하였으므로 화물 수송량이 많은 것은 충분히 설명이 가능하다. 함경선에 사례가 많은 것은 연변에 부존자원이 많고 이를 활용한 공업지대가 곳곳에 조성되면서 함경선이 이를 지원하는 산업철도로서 기능한 것을 그 이유로 꼽을 수 있다. 함경선이 다른 노선에 비해 역별 화물 운송의 편포(遍布) 정도가 낮은 것 또한 같은 맥락에서 설명이 가능하다.

전반적으로 화물 운송의 중심지가 형성되는 과정에서 주요역 부근에서는 화물 운송량의 취급률이 낮아지는 현상을 보이고 있다. 큰 도시가 주변 역에 미치는 일종의 그림자 효과(shadow effect) 때문일 것이다. 도로 등 다른 육상 운송 수단의 발달은 철도와 경쟁을 유발하기도 하지만 효율적인 보완체계가 되기도 한다. 당시의 화물 운송체계 또한 철도와 다른 운송 수단 간에 효율적인 보완이 이루어지면서 철도 화물의 운송이 오히려 대도시로 집중하는 현상이 나타났던 것으로 이해할 수 있다.

VI
결론

일제 강점기에 출판된 소설에서는 가끔씩이나마 기차가 배경으로 등장한다. 다음은 '탁류'의 시작 부분에 나오는 군산항 부근의 장면이다. 이 책이 출판된 것이 1941년이니 강점기 후반의 군산 사정이 담겨 있을 것이다.

> "강안(江岸)으로 뻗친 찻길에서는 꽁지 빠진 참새같이 방정맞게 생긴 기관차가 경망스럽게 달려 다니면서, 빽빽 성급한 소리를 지른다. 그럴라치면 멀찍이 강심에서는 커어다랗게 드러누운 기선이 가끔 가다가 우웅 하고 내숭스럽게 대답을 한다." (채만식, 1941, «탁류». 문학사상사(1999). p.17)

또 다른 소설을 보자. "만세전"의 중간 부분 대목으로, 이야기의 주인공이 경부선 야간열차를 타고 서울로 향하는 장면이다. 출판년도가 1922년이니, 우리나라의 철도 역사 초기에 야간객차 모습이 이러하였을 터이다.

> "석윳불을 드문드문 켠 써늘한 기차 속은 몹시 우중충하고 기름 냄새가 코를 찌른다. 외투를 벗어서 눈을 털었으나 몸은 구중중하고, 컴컴한 석윳불을 볼수록 조선은 이런 덴가 싶어 새삼스레 을씨년스럽다.(p.109) . . . 몇 번이나 눈을 떴다 감았다 하며 편치 못한 잠을 잔 둥 만 둥 하고 눈을 떠보니까 긴긴 밤도 흐지부지 훤히 밝았다. 으스스하기에 난로 앞으로 가서 불을 쬐며 옆사람에게 물어보니 시흥(始興)에서 떠났다 한다."(pp.126-127) (염상섭, 1922, 만세전, «한국문학대

표작선집» 22 문학사상사, 2004)

나는 이런 책을 읽을 때면 강점기에 기차에는 어떤 화물을 싣고 어디까지 갔었을까, 당시 사람들은 주로 부산, 서울, 평양 등 대도시를 오가는 데에만 기차를 이용했을까를 궁금해하곤 했다. 학계에서는 식민기의 철도 성격을 밝히거나 철도가 미친 영향을 파악하는 점에 노력을 기울여와, 우리의 이해를 넓고 깊게 만들어 주었다. 그러나 아쉽게도 철도 위를 따라 이동해간 사람과 화물을 구체적으로 살핀 연구물이 매우 적었다. 소설이 철도 수송의 지리(地理)에 대하여 개인적 호기심을 지폈다면, 선행연구들은 이 연구를 촉발한 직접적이고 학술적인 동기인 셈이다.

강점기 철도 수송의 지리라는 주제를 풀어나가기 위하여 주로 의존했던 자료와 정보는 조선총독부의 통계자료와 일본 선교회의 자료 등이었고, 이 밖에 선행연구물도 귀중한 정보원이었다. 이런 자료들을 한 편으로는 시계열(時系列)로, 다른 한 편으로는 전국-지역-철도 노선-철도역의 여러 지리적 스케일에서 분석하여 보았으며, 강점기의 철도 수송에서 몇 가지 뚜렷한 지리적 특징과 경향을 찾을 수 있었다.

1910년에서 1940년대 초까지 삼십 수년간 우리나라의 철도 길이는 6배 이상 늘어났고, 여객과 화물 수송량으로는 수십배 증가하였다. 같은 기간에 우리나라의 경제 규모는 3배, 인구는 2배가 채 못 되게 성장하였으니, 철도 노선의 연장과 수송량의 증가 속도는 엄청난 것이라 평가해도 지나치지는 않을 것이다. 철도 수송량의 성장은 강점기 동안 같은 속도로 진행된 것은 아니다. 1910년대에는 성장의 속도가 비교적 빨랐으나 1920년대에는 정체하였고, 1930년대에는 폭발적으로 성장하였다. 이로 미루어 철도가 한반도의 핵심 육상교통수단으로 자리 잡은 것은 1930년대부터라고 진단할 수 있을 것이다.

한국 국유철도와 일본 국유철도의 단위 거리당 수송량을 비교한 결과, 20세기 전반기 동안 한국과 일본의 철도 수송 경향은 대체로 비슷하였다. 한국 국유철도는 일본 국유철도의 수송량에 일정한 차이를 두면서 증가하는 경향을 띠어, 한국의 철도 교통이 일정한 시차를 두고 일본을 따라가고 있음을 알 수 있었다. 그러나 한반도에서 화물 수송량의 증가는 여객 수송량의 증가보다 훨씬 빨라서, 강점기 말쯤에는 일본의 화물 수송량을 바짝 추격하고 있었다. 한반도 철도교통에서 화물 수송의 중요성이 점점 커져가는 과정을 보여주는 증거라 할 수 있다.

철도의 빠른 성장에는 사설철도의 역할도 적지 않았다. 강점기 철도 연장의 약 40%는 민간자본에 의해 놓인 것으로, 중요한 사철노선들은 나중에 국가가 매수하는 과정이 거듭되어 통계상으로는 국유철도의 길이가 상당히 늘어난 것으로 집계되지만, 이 증가의 상당 부분은 실은 사설철도의 몫이었다. 나아가 일부 사설철도 노선의 수송량은 국유철도 노선의 수송량을 능가하거나 버금가는 경우도 적지 않았다. 선행연구의 대부분이 국유철도에 집중된 점을 감안하면, 앞으로 사설철도에 대해 더 많은 관심이 기울여져야 함을 시사한다.

여객과 화물의 이동 거리를 분석한 결과 화물은 중·장거리 수송의 성격을 띤 반면, 여객은 단거리 이동의 성격이 강하였다. 여객의 평균 이동 거리는 대체로 60km 안팎이었다가 강점기 후반기에 차츰 늘어나 70km를 넘어서게 되었고, 화물의 평균 이동 거리는 200km를 조금 넘는 수준이었다가 역시 강점기 후반에 차츰 늘어나는 추세를 보였다. 여객의 단거리 통행 경향은 국유철도 말고도 일부 사설철도 노선(장항선과 대구선)의 사례 분석에서도 다시금 확인되었으며, 같은 시기 일본 국유철도의 여객 이동 거리는 한국의 경우보다 훨씬 짧아 30km를 채 넘지 못한 점도 알 수 있었다. 철도 여객의 이동 거리가 짧다는 것은 철도가 다른 육상교통수단에 비해 장거리 이동에 쓰인다는 통념에 잘 들어맞지 않는 것으로, 아마도 당시 자동차 등 대체할만한 육상교통수단이 충분하지 못했던 점과도 관련이 있었을 것으로 보인다. 앞으로 사람과 화물 이동의 거리조락성(距離凋落性)을 두고 자료를 더 발굴하여 세밀히 들여다보아야 할 부분이다.

지역적으로는 서울 이남의 노선은 여객 수송의 비중이 높은 반면, 서울 이북의 노선은 화물 수송에 치중되어 있었다. 또한 국유철도와 사설철도의 여객 수송량으로 보아 남부 지방과 북부 지방의 노선 사이에는 뚜렷한 차이가 있음을 알 수 있었다. 남부 지방에서는 국유철도와 사설철도 사이의 수송량에 격차가 뚜렷하였지만, 북부 지방의 노선에서는 양자의 차이가 덜 하였다. 남부 지방은 이미 국유철도와 사설철도 사이에 간선과 지선의 역할 분담이 정착된 반면, 북부 지방에서는 비록 지선이라 하더라도 해당 배후지에서의 사람 통행에서 매우 중요한 역할을 맡고 있었음을 보여주는 대목이다. 화물 수송에서는 남부나 북부 노선 모두 국유철도와 사설철도의 구분이 뚜렷하였다.

화물은 여객과 달리 본래 종류가 다양할 뿐 아니라 배후지의 사정에 따라 각 노선에 실리는 화물의 종류도 차이가 나게 마련이므로, 본고에서도 관심을 더 기울여 분석한 대상이다. 한반도 철도망 전체로 보았을 때, 수송 화물의 총량은 크게 늘었지만 화물의 구성으로 보면 농수산물의 수송 비중은 줄어든 대신 광산물의 비중은 크게 늘어났으며, 이러한 변화는 강점기의 한반도

경제구조의 변화와 궤를 같이함을 확인할 수 있었다. 서울 이북과 이남 노선의 주 수송 품목의 차이도 뚜렷하여, 남부 노선들은 대체로 쌀과 비료 수송으로 특화된 반면, 북부 노선들은 광산물과 임산물의 수송으로 특화되어 있었고, 경부선 하나만 다각화의 정도가 뚜렷하여 공산품 등 그 취급 품목이 다양하였다.

분석의 수준을 개별 노선으로 낮추었을 때, 여객과 화물 모두 간선의 수송량이 지선의 그것보다는 많았는데, 이는 간선이 지선보다는 길고 중간 역의 수도 많았으므로 당연한 결과라고 볼 수 있다. 화물 수송이 여객 수송보다 간선에의 집중 정도가 훨씬 더 심하였다. 여객 수송 수요는 인구의 분포를 따라가는 것이므로, 비록 지선이라 하더라도 어느 정도의 수송 수요는 생기게 마련이다. 그러나 화물은 생필품을 제외하면 배후지의 자원 분포나 배후지 바깥의 화물 수요에 영향을 크게 받기 때문에 일부 노선에 집중될 수밖에 없었을 것이다.

길이가 긴 간선의 수송량이 짧은 지선에 비해 수송량이 많다는 것은 새삼스러운 일이 아니다. 그러나 노선별 수송 총량 대신 단위 거리당 수송량을 계산하여 노선의 길이가 수송량에 미치는 영향을 통제한 다음 노선을 비교하여 보니 놀라운 결과를 얻을 수 있었다. 경부선의 지선인 경인선, 경의선의 지선인 평남선, 호남선의 지선인 군산선이 본선보다 수송량이 훨씬 많았던 점이 드러난 것이다. 한반도 철도망에서는 인천, 진남포, 군산 등 황해안의 관문과 내륙 간선을 연결하는 노선이 최상위의 지위를 차지하고, 그 다음 주요 간선, 지선의 순서로 계층구조를 이루고 있었으며, 경전선 등 일부 지선은 간선과 대등한 수송 수준을 누리고 있었음도 밝혀졌다. 한반도 철도를 이해하는 데 간선의 역할도 중요하였지만 지선의 역할에 대해서도 고찰이 더 이루어져

야 함을 보여주는 대목이다.

가장 낮은 분석 단위로 개별 역의 수송량을 분석한 결과는 대체로 지역 및 노선별 고찰에서 밝혀진 특징을 다시 드러내었다. 한반도 철도망에서 수송량이 일부 노선에 집중되는 경향을 띠었듯이 한 노선 안에서는 일부 역에 여객과 화물 수송량이 집중되고 있었다. 이런 집중 경향은 길이가 긴 노선보다는 짧은 노선에서 특히 심하였다.

강점기 동안 철도망 전체를 두고 수송량 상위 역들의 지위는 비교적 안정되어 있었다. 초기에 이름도 없었던 철도역이 새롭게 떠올라 상위역의 하나가 되는 경우는 드물었다. 우리는 종종 대전, 익산(이리) 등의 사례를 들어 철도로 인해 급성장한 신도시를 이야기하지만, 실제로는 철도가 가급적 조선시대부터 있었던 지방 중심지들을 연결하도록 노선이 구상되었고, 기존 중심지들은 철도에 의해 지위를 다시 공고히 다져나갔음을 보여주는 것이다.

이 연구에서는 철도 접근성과 인구 성장의 관계에 관심을 두고 분석하여 보았으나 양자의 뚜렷한 인과관계를 밝히기는 어려웠다. 철도 접근성과 인구 성장의 관계는 적어도 통계적으로는 유의미한 결과가 도출되기는 하였지만, 인과(因果)가 한 방향으로 진행되었다기보다는 순환 경향이 더 강해보였다.

여객 수송에서는 역간 격차가 화물 보다는 적었는데, 이는 여객 교통 수요가 인구 분포에 대응하는 반면 화물은 자원의 부존(賦存) 여부, 항만이나 분기점에의 입지 등에 반응하기 때문이었을 것이다. 남·북 간에도 차이를 보여 남부 지방에서는 대도시 역의 집중 정도가 북부 지방보다는 덜 하였다. 남부 지방의 인구가 비교적 고르게 분포하고 있는데다가 지역마다 중심지 체계가 확립되어 있었던 데에 비해, 북부 지방은 일부 거점 위주의 성장이 이루어지고 있었다는 증거일 수도 있다. 단 함경선처럼 연변에 자원 산지와 공업지구가 산재한 일부 노선은 예외적으로 일부 역 집중도가 덜하였다.

이 연구는 30년이 넘는 분석 기간, 수십 개의 노선, 수백 개의 역, 그리고 여객과 화물 등 검토해야 할 사항이 너무 많아서 숫자에 압도되기 쉬운 주제를 다루었다. 숫자의 무게에 짓눌리지 않으려고 노력하였으나 한계도 적지 않았다. 특히 철도 수송의 지리적 특성을 우선 밝히는 것만으로도 작업량이 방대하다 보니 일제 강점기의 산업정책 및 지역정책과 철도 수송의 관련성, 그리고 다른 교통수단에 대한 철도의 위상 등 흥미롭고도 중요한 질문에는 손이 제대로 돌아가지 못하였다. 또한 이 연구에서는 각 지방 철도의 수송을 한반도 전체의 관점에서 살펴보았기 때문에 개별 노선과 역에 대한 심층 분석에까지 이르지 못한 점도 아쉬운 부분이다. 각 지방의 철도 수송에 대한 분석은 자연스레 지역연구의 성격도 띠게 되므로 교통자료 말고도 해당 지역의 사정을 보여주는 여러 다른 자료를 참조할 필요가 있다. 각 지방의 상공회의소 자료, 신문 기사, 지방지 등 귀중한 자료가 적지 않을 것이므로, 앞으로 강점기 철도 수송의 지리(地理)에 대한 연구 과제는 산적한 셈이다.

참고문헌

참고문헌

강영주(1996), “경인간 교통의 지리학적 고찰”, «사대학보» 8, 서울대학교 사범대학, pp.97~115.

견수찬(2002), “경동철도(수려,수인선)의 부설과 변천”, «인하사학» 10, pp.315~325.

공환영(1971), 철도역전취락에 관한 연구, 서울대학교 사범대학 석사학위논문.

길용현(1970), “한국 작물결합지역에 대한 연구”, «지리학총» 1, 경희대학교 문리과대학 지리학과, pp.7~18.

김경림(1987), 조선철도 12년계획선에 관한 연구, 이화여자대학교 대학원 석사학위논문.

김낙년(2006), «한국의 경제상황, 1910~1945», 서울대학교출판부, 서울.

김낙년(2008), «일제시기 우리나라 GDP의 도별 분할», 낙성대경제연구소 Working Paper 2008-3.

김양식(2005), “충북선 부설의 지역사적 성격”, «한국근현대사연구» 여름호(33), pp.137~174.

김영성(1996), “국토의 시.공간 수렴: 1890년대-1990년대, 서울-부산간 여행시간 변천을 중심으로”, «지리학연구» 27집, pp.37~53.

김종헌(2006), “20세기 초 철도부설에 따른 우리나라 도시 구조의 변화에 관한 연구”, «한국철도학회 논문집» 9(4),

pp.379-387.
김희중(2002), "일제지배하의 호남선 철도에 관한 고찰", «호남대학교 학술논문집» 23(1), pp.97~122.
도도로키 히로시(2001), "수려선 철도의 성격변화에 관한 연구", «지리학논총» 37, pp.43~65.
도도로키 히로시(2005) "근대교통체계 발달모델의 한반도 적용에 있어서의 문제점", «문화역사지리» 17(3), pp.56~68.
류재훈(1989), 충북의 육상교통망 발달에 관한 지리적 고찰, 이화여자대학교 대학원 석사학위 논문.
류제헌(1990) "호남평야에 있어서 지역 구조의 식민지적 변용과정", «지리학» 42, 대한지리학회지, pp.35~48.
류제헌(1994), «한국 근대화와 역사지리학: 호남평야», 한국정신문화연구원 연구논총 94-5.
박천홍(2003), «매혹의 질주, 근대의 횡단: 철도로 본 근대의 풍경», 도서출판 산처럼.
서찬기(1962), "경영면에서 본 남한의 농업지역 구분", «경북대학교 논문집» 6, pp.327~381.
손정목(1982), «한국개항기 도시변화과정연구: 개항장·개시장·조계·거류지», 일지사, 서울.
손정목(1996), «일제강점기 도시화과정연구», 일지사, 서울.
신기수 편, 이은주 역(2009), «한일병합사 1875~1945: 사진으로 보는 굴욕과 저항의 근대사», 눈빛.
윤옥경(1992), "수인선 철도의 기능변화에 관한 연구", «지리교육논집» 28(1), pp.31~56.
이노우에 유이치(井上勇一) 지음, 석화정, 박양신 옮김(2005), «동아시아 철도 국제관계사: 영일동맹의 성립과 변질 과정»,

지식산업사.

이병천(1981), “구한말 호남철도부설운동(1904-1908)에 대하여”, «경제사학» 5, pp.113~212.

이영민(2005), “개항이후 경인지역의 역사지리적 변화와 경인선 철도의 역할”, «지리교육논집» 49, pp.285~299.

이은진(2005), “마산선 개설에 관한 연구”, «가라문화» 19(2), pp.43~86.

이은세(1981), “경인간 지역경관 변화에 대한 연구: 철도 및 도로교통의 발달을 중심으로”, «응용지리» 5, 한국지리연구소, pp.145~172.

이은숙(1987), «도시교통 발달과 도시성장 -서울을 중심으로-», 이화지리총서 3, 이화여자대학교 대학원.

이철우(2004), “일본의 철도부설과 한국민족주의의 저항”, «평화연구» 12(2), pp.87~117.

이혜은(1987), “대중교통수단이 서울시 발달에 미친 영향: 1899-1968”, «지리학» 37, 대한지리학회, pp.17~32.

이혜은(1990), “전차가 서울시 발달에 미친 영향에 관한 인지 연구”, «문화역사지리» 2, pp.57~82.

이희연(2005), «인구학: 인구의 지리학적 이해», 법문사.

財團法人 鮮交會(1986), «朝鮮交通史» 및 «資料編», 三信圖書有限會社, 東京.

전성현(2009), “일제하 동해남부선 건설과 지역동향”, «한국근현대사연구» 48(봄), pp.115~151.

정재정(1992), 일제의 한국철도 침략과 한국인의 대응, 서울대학교 학사학위논문.

정재정(1999), «일제침략과 한국철도(1892~1945)», 서울대학교

한국사연구총서 6, 서울: 서울대학교 출판부.
정재정(2005), "근대로 열린 길", 철도, «역사비평» 70(봄), pp.221~242.
조동규(1988), «인문지리조사법 II», 교학연구사, 서울.
朝鮮總督府鐵道局(1928), «朝鮮の鐵道».
주경식(1994), "경부선 철도건설에 따른 한반도 공간조직의 변화", «대한지리학회회지» 29, pp.297~317.
철도건설국(1965), «철도건설약사».
철도청, «한국철도사» 제1권(1974),교진사. 제2권(1977), 서강총업사. 제3권(1979), 교학사. 제4권(1992), 정문사. 제5권 상, 하(1994), 정문사.
철도청(1999), «한국철도100년사», 홍진프로세스.
철도청(2003), «사진으로 본 한국철도100년», 정문사.
최영준(2000), "조선후기·식민지 시대의 교통로와 공간 이용: 연구의 과제와 전망", «인문과학» 제7집, 서울시립대학교 인문과학연구소, p.83.
최창조(1975), "한국농업의 작물 특화지역 분류에 관한 방법론적 고찰", «낙산지리» 3호, pp.1~26.
한국철도시설공단(2005), «한국철도건설백년사(상, 중, 하)», 홍진씨앤피주식회사.
한주성(1988), "한국의 교통지리학 연구동향과 과제", «지리학» 37, pp.49~68.
허우긍, 도도로키 히로시(2007), «개항기 전후 경상도의 육상교통», 서울대학교 규장각한국학연구원 한국학연구총서 24, 서울대학교 출판부.
홍금수(2005), "조선후기 일제시대 영남지방 지역체계의 변화",

«문화역사지리» 17(2), pp.93~125.

H.라우텐자흐 (Hermann Lautensach)(1945), *KOREA: Eine Landeskunde auf Grund Eigener Reisen und der Literatur*, Koehler Verlag, Leipzig. 김종규, 강경원, 손명철 옮김(1998), «코레아: 답사와 문헌에 기초한 1930년대의 한국 지리, 지지, 지형», 대우학술총서 115, 민음사.

Nelson, Howard J.(1955), "A service classification of American cities", *Economic Geography* 31, pp.189~210.

Weaver, John C.(1954), "Crop combination regions in the Middle West", *Geographical Review* 44, No.2, pp.175~200.

‹자료›

朝鮮總督府鐵道局 年報, 각 연도.

朝鮮總督府鐵道局 私設鐵道及軌道 統計年報, 각 연도.

朝鮮總督府 統計年報, 각 연도.

慶尙南道, 1931, 慶尙南道 土木要覽 1930.

부록

<부록 표 1>
국유화된 사설철도

연대	구간	사설철도 회사명	거리(km)	국유철도의 매수 시기
1920 년대	이리~전주	전북철도주식회사	24.9	1927. 10
	송정리~담양	조선철도주식회사	36.5	1928. 1
	대구~학산, 경주~울산	조선철도주식회사	147.8	1928. 7
	회령~동관진, 상삼봉~삼봉교	도문철도주식회사	59.5	1929. 4
1930 년대	마산~진주	조선철도주식회사	70.0	1931. 4
	신안주~천동	개천철도주식회사	36.9	1933. 4
	광주~여수항	남조선철도주식회사	160.0	1936. 3
1940 년대	김천~안동	조선철도주식회사	118.1	1940. 3
	신의주~남시	다사도철도주식회사	33.9	1943. 4
	황해선	조선철도주식회사	278.5	1944. 4
	고무산~무산	조선철도주식회사	60.4	1944. 4
	승호리~신성천	서선중앙철도주식회사	68.4	1944. 4
	부산진~감만리	북선척식철도주식회사	5.5	1944. 5
	영주~내성	서선중앙철도주식회사	14.3	1945. 8
	간리~장성리	부산임항철도주식회사	10.6	1945. 8
합계			1,125.3	

자료 철도청, 1974, 한국철도사. 鮮交會, 1986, 朝鮮交通史.

‹부록 표 2›
각 노선에서 여객과 화물 취급량이 많은 역: 1910~1937

이 표는 각 노선의 여객과 화물 취급량이 가장 많은 1~3위 역과 그 취급량(%)를 정리한 것이다. 표는 네 부분으로 구성되어 있으며, 제1부는 1910년부터 이미 운행하고 있던 철도 노선들(호남선과 군산선은 1913년부터), 제2부는 1920, 1930, 1937년 자료를 갖춘 노선들, 제3부는 1930년과 1937년 자료를 갖춘 노선들, 제4부는 전 구간의 개통 시기가 가장 늦어 1937년 자료만 분석하게 된 노선들을 실었다.

제1부: 1910, 1920, 1930, 1937년에 운행된 노선

노선	연도	승·하차 여객이 많은 역 (취급량 %)			
		1위	2위	3위	1~3위 합계
경부선	1910	서울(42.7)	부산(18.5)	대구(5.1)	66.3
	1920	서울(33.1)	대구(7.3)	부산(6.9)	47.3
	1930	서울(38.9)	대구(8.6)	부산(6.9)	54.4
	1937	서울(39.1)	부산(8.3)	대구(7.8)	55.2
경인선	1910	인천(55.7)	상인천(28.9)	소사(9.2)	93.8
	1920	상인천(50.9)	인천(20.3)	소사(9.6)	80.8
	1930	상인천(51.6)	인천(19.2)	소사(11.2)	82.0
	1937	상인천(55.4)	인천(15.8)	소사(11.7)	82.9
호남선	1913	이리(17.0)	강경(13.4)	목포(9.0)	39.4
	1920	이리(12.7)	강경(8.4)	목포(8.4)	29.5
	1930	이리(16.9)	목포(10.2)	송정리(8.1)	35.2
	1937	이리(15.7)	목포(10.1)	송정리(6.7)	32.5
군산선	1913	군산(78.3)	지경(21.7)	-	100.0
	1920	군산(71.8)	지경(28.2)	-	100.0
	1930	군산(67.6)	지경(19.7)	임피(12.7)	100.0
	1937	군산(63.0)	지경(19.5)	임피(8.9)	91.5
경의선	1910	평양(16.3)	개성(8.4)	신의주(5.8)	30.5
	1920	평양(17.2)	개성(6.7)	사리원(5.4)	29.3
	1930	평양(20.5)	개성(6.3)	신의주(6.1)	32.9
	1937	평양(21.5)	신의주(6.2)	개성(6.0)	33.7
평남선	1910	남포(58.0)	기양(17.8)	대평(12.3)	88.1
	1920	남포(39.9)	기양(23.2)	진야동(18.7)	81.8
	1930	남포(39.8)	기양(16.5)	진야동(16.0)	72.3
	1937	남포(41.4)	기양(15.1)	진야동(13.7)	70.2

노선	연도	발송·도착 화물이 많은 역 (취급량 %)			
		1위	2위	3위	1~3위 합계
경부선	1910	서울(41.6)	부산(20.1)	대구(5.5)	67.2
	1920	서울(36.7)	부산(19.8)	대구(9.2)	65.7
	1930	서울(40.0)	부산(17.7)	대구(11.7)	69.4
	1937	서울(38.6)	부산(25.7)	대구(8.7)	73.0
경인선	1910	인천(96.6)	상인천(1.6)	부평(1.0)	99.2
	1920	인천(94.0)	주안(2.0)	상인천(1.9)	97.9
	1930	인천(92.5)	상인천(3.2)	주안(2.0)	97.7
	1937	인천(94.7)	상인천(2.6)	주안(1.1)	98.4
호남선	1913	목포(13.1)	영산포(11.0)	이리(11.0)	35.1
	1920	목포(17.5)	이리(16.2)	송정리(12.9)	48.6
	1930	목포(23.5)	이리(10.9)	김제(10.1)	44.5
	1937	목포(31.5)	이리(8.3)	김제(8.2)	48.0
군산선	1913	군산(97.2)	지경(2.8)	-	100.0
	1920	군산(95.1)	지경(4.9)	-	100.0
	1930	군산(96.0)	임피(2.1)	지경(1.9)	100.0
	1937	군산(97.9)	지경(1.2)	임피(0.8)	100.0
경의선	1910	평양(24.0)	신의주(10.1)	백마(5.1)	39.2
	1920	평양(27.6)	신의주(15.9)	신안주(10.9)	54.4
	1930	평양(21.0)	신의주(19.8)	신안주(6.9)	47.7
	1937	평양(28.7)	신의주(20.9)	사리원(4.8)	54.4
평남선	1910	남포(86.5)	기양(7.7)	진야동(3.6)	97.8
	1920	남포(91.9)	기양(4.9)	대평(2.6)	99.4
	1930	남포(90.9)	기양(6.9)	대평(1.4)	99.2
	1937	남포(92.5)	기양(5.3)	대평(1.1)	98.9

제2부: 1920, 1930, 1937년에 운행된 노선

노선	연도	승·하차 여객이 많은 역 (취급량 %)			
		1위	2위	3위	1~3위 합계
함경선	1920	청진(12.9)	나남(12.0)	함흥(9.9)	34.8
	1930	함흥(9.3)	흥남(8.8)	청진(5.1)	23.2
	1937	함흥(6.1)	청진(5.6)	회령(5.2)	16.9
경원선	1920	서울(19.5)	원산(17.5)	의정부(5.9)	42.9
	1930	원산(17.9)	서울(17.6)	의정부(8.5)	44.0
	1937	서울(20.5)	원산(19.3)	의정부(7.5)	47.3

노선	연도	발송·도착 화물이 많은 역 (취급량 %)			
		1위	2위	3위	1~3위 합계
함경선	1920	회령(21.2)	청진(20.8)	나남(9.4)	51.4
	1930	청진(15.9)	함흥(14.0)	흥남(12.5)	42.4
	1937	청진(16.5)	흥남(15.2)	성진(8.8)	40.5
경원선	1920	원산(34.5)	서울(23.6)	의정부(4.8)	62.9
	1930	원산(35.7)	서울(24.1)	철원(6.7)	66.5
	1937	원산(39.2)	서울(24.6)	갈마(8.6)	72.4

제3부: 1930년과 1937년에 운행된 노선

노선	연도	승·하차 여객이 많은 역 (취급량 %)			
		1위	2위	3위	1~3위 합계
수려선	1931	용인(19.9)	수원(18.7)	이천(18.6)	57.2
	1937	용인(19.8)	이천(17.0)	수원(16.4)	53.2
안성선	1930	안성(33.6)	장호원(13.6)	죽산(12.9)	60.1
	1937	안성(23.6)	천안(21.9)	입장(15.8)	61.3
장항선	1930	온양온천(22.8)	천안(14.1)	예산(12.5)	49.4
	1937	온양온천(19.1)	예산(9.7)	천안(8.1)	36.9
충북선	1930	청주(39.4)	청안(14.1)	조치원(10.5)	64.0
	1937	청주(39.4)	청안(9.8)	조치원(7.7)	56.9
경북선	1930	상주(23.5)	김천(12.3)	함창(11.9)	47.7
	1937	상주(21.0)	김천(14.4)	예천(8.7)	44.1
경전선	1930	마산(29.1)	진영(12.0)	창원(9.5)	50.6
	1937	마산(25.3)	진영(11.4)	진주(9.8)	46.5
대구선	1930	경주(22.8)	포항(10.9)	안강(8.9)	42.6
	1937	경주(21.0)	하양(9.9)	안강(9.6)	40.5
광주선	1930	광주(65.8)	담양(14.9)	장산(4.8)	85.5
	1937	광주(35.3)	보성(9.2)	벌교(9.2)	53.7
황해선	1930	재령(22.5)	사리원(21.7)	신천(18.9)	63.1
	1937	사리원(20.4)	재령(17.6)	신천(15.5)	53.5
금강산선	1930	금화(19.4)	사요(9.3)	동철원(7.8)	36.5
	1937	금화(15.8)	금강구(14.7)	사요(8.2)	38.7
함북선	1930	무산(35.0)	신참(24.7)	고무산(13.8)	73.5
	1937	신참(27.4)	무산(26.6)	서풍산(15.2)	69.2

주　황해선: 사설철도 황해선은 여러 구간으로 나뉘어 있다. 이 표의 황해선이란 사리원~장연 구간으로 장연선이라고도 하며, 지금 북한에서 부르는 이름은 은파선(銀波線)이다.

노선	연도	승·하차 여객이 많은 역 (취급량 %)			
		1위	2위	3위	1~3위 합계
수려선	1931	용인(29.4)	이천(28.8)	수원(14.6)	72.8
	1937	수원(27.7)	신갈(23.9)	여주(20.4)	72.0
안성선	1930	장호원(35.0)	죽산(25.6)	마전(24.0)	84.6
	1937	장호원(32.2)	안성(24.5)	죽산(21.0)	77.7
장항선	1930	예산(27.6)	천안(14.4)	온양온천(13.0)	55.0
	1937	장항(34.7)	예산(16.1)	삽교(8.2)	59.0
충북선	1930	청주(37.8)	충주(25.0)	청안(15.8)	78.6
	1937	청주(33.2)	충주(33.0)	청안(12.4)	78.6
경북선	1930	예천(39.3)	상주(28.1)	함창(12.7)	80.1
	1937	예천(22.4)	안동(18.4)	상주(16.9)	57.7
경전선	1930	마산(37.9)	진주(13.1)	진영(11.7)	62.7
	1937	마산(41.6)	진주(16.7)	중리(10.6)	68.9
대구선	1930	포항(29.4)	경주(16.5)	영천(14.1)	60.0
	1937	포항(26.1)	영천(16.1)	경주(12.4)	54.6
광주선	1930	광주(62.9)	담양(24.3)	극락강(8.4)	95.6
	1937	광주(38.8)	화순(20.4)	담양(11.2)	70.4
황해선	1930	신천(38.7)	사리원(15.9)	재령(13.3)	67.9
	1937	신천(31.6)	재령(17.2)	사리원(16.1)	64.9
금강산선	1930	금화(34.3)	창도(15.0)	금강구(13.3)	62.6
	1937	창도(36.7)	남창도(28.8)	금화(12.9)	78.4
함북선	1930	고무산(33.8)	신참(32.1)	무산(19.1)	85.0
	1937	고무산(34.0)	신참(30.6)	무산(18.2)	82.8

주 황해선: 사설철도 황해선은 여러 구간으로 나뉘어 있다. 이 표의 황해선이란 사리원~장연 구간으로 장연선이라고도 하며, 지금 북한에서 부르는 이름은 은파선(銀波線)이다.

제4부: 1937년에 운행된 노선

노선	승·하차 여객이 많은 역 (취급량 %)			
	1위	2위	3위	1~3위 합계
수인선	인천(37.3)	송도(15.8)	수원(10.6)	63.7
전라선	전주(23.2)	순천(14.0)	삼례(9.1)	46.3
동해남부선	동래(19.2)	울산(12.1)	해운대(9.3)	40.6
동해북부선	장전(14.7)	고성(8.9)	고저(8.1)	31.7
만포선	개천(13.2)	안주(10.5)	희천(8.2)	31.9
백무선	유평동(27.3)	연암(16.6)	삼사(12.7)	56.6
평원선	순천(20.0)	양덕(9.2)	자산(8.4)	38.1
황해선	해주(30.9)	연안(10.6)	배천온천(8.3)	49.8
송흥선	함지원(22.4)	원풍(18.1)	송흥(15.9)	56.4

노선	승·하차 여객이 많은 역 (취급량 %)			
	1위	2위	3위	1~3위 합계
수인선	인천(32.2)	소래(18.0)	어천(12.0)	62.2
전라선	여수(21.5)	전주(21.1)	순천(10.2)	52.8
동해남부선	울산(23.9)	좌천(17.9)	입실(14.1)	55.9
동해북부선	장전(18.3)	간성(13.6)	고성(10.8)	42.7
만포선	용증(16.2)	천동(13.5)	전천(9.9)	40.5
백무선	연암(18.7)	하황토(16.7)	삼사(11.6)	47.0
평원선	양덕(23.4)	인평(16.3)	장림(11.5)	51.2
황해선	해주(48.1)	연안(10.7)	취야(9.1)	67.9
송흥선	송흥(42.4)	부전령(18.6)	원풍(16.4)	77.4

주 황해선: 황해선의 장연선(사리원~장연), 배천선(토성~배천(白川)~해주), 해주항선(해주~해주항), 옹진선(해주~옹진) 구간을 합한 것임.

<부록 표 3>
승·하차 여객 수로 본 상위 50개역, 1910~1937

순위	1910		1920		1930		1937	
	역	*	역	*	역	*	역	*
1	서울	*	서울	*	서울	*	서울	*
2	釜山	*	仁川	*	平壤	*	平壤	*
3	仁川	*	平壤	*	仁川	*	仁川	*
4	平壤	*	大邱	*	大邱	*	釜山	*
5	大邱		釜山	*	釜山	*	大邱	*
6	開城		裡里	*	裡里	*	裡里	*
7	水原		水原	*	水原		元山	*
8	新義州		大田	*	咸興	*	大田	*
9	龜浦		群山	*	馬山	*	光州	
10	大田		開城		興南	*	沙里院	*
11	沙里院		元山	*	群山	*	新義州	
12	天安		龜浦		광주		開城	
13	黃州	*	沙里院		開城		群山	*
14	金泉		金泉		元山	*	咸興	*
15	密陽		江景		沙里院	*	水原	*
16	鳥致院		木浦	*	新義州		全州	
17	新安州		新義州		大田	*	淸津	*
18	三浪津	*	松汀里		木浦	*	馬山	*
19	素砂		鳥致院		龜浦		會寧	*
20	慶山		倭館		鎭南浦	*	天安	*

21	新幕		黃州	*	淸州		鎭南浦	*
22	金郊		密陽		鳥致院	*	木浦	*
23	宣川		平澤		松汀里	*	城津	*
24	平澤		淸津	*	淸津	*	海州	*
25	永同		鎭南浦	*	金泉	*	金泉	*
26	倭館		天安	*	羅南		鳥致院	*
27	烏山		宣川	*	天安	*	羅南	
28	車輦館		羅南		會寧	*	淸州	
29	定州		慶山		金堤		宣川	
30	汶山		井邑		宣川		順天	
31	中和		新安州	*	密陽		吉州	
32	成歡		金堤		江景		松汀里	*
33	興水		論山		進永		定州	
34	順安		議政府		議政府		龜浦	
35	土城		咸興	*	慶州	*	議政府	
36	汗浦		烏山		定州		鐵原	*
37	嶺美		新泰仁		素砂		密陽	
38	南川		勿禁		鐵原		新安州	*
39	鎭南浦	*	三浪津	*	黃州	*	平澤	
40	南市		定州		井邑		江景	
41	芙江		淸道		城津	*	慶州	*
42	勿禁		地境		新泰仁		金堤	
43	沃川		會寧		新安州	*	朱乙	
44	鷄井		黃登		平澤		素砂	
45	淸道		汶山		昌原	*	新浦	
46	金村		素砂		慶山		黃州	*
47	瑞興		土城		烏山		井邑	
48	長湍		羅州		榮山浦		安養	
49	全義		岐陽		倭館		榮山浦	
50	肅川		永同		勿禁		溫陽溫泉	

* 항만 또는 철도 분기역(分岐驛)

‹부록 표 4›
발송·도착 화물량으로 본 상위 50개역, 1910~1937

순위	1910		1920		1930		1937	
	역	*	역	*	역	*	역	*
1	서울	*	서울	*	서울	*	서울	*
2	平壤	*	釜山	*	仁川	*	仁川	*
3	仁川	*	仁川	*	鎭南浦	*	釜山	*
4	釜山	*	平壤	*	釜山	*	鎭南浦	*
5	新義州		鎭南浦	*	平壤	*	平壤	*
6	白馬		新義州		新義州		淸津	*
7	大邱		大邱	*	大邱	*	興南	*
8	大田		元山	*	群山	*	新義州	
9	金郊		新安州	*	淸津	*	元山	*
10	鷄井		群山	*	元山	*	大邱	*
11	車輦館		會寧		咸興	*	群山	*
12	東林		淸津	*	興南	*	城津	*
13	汗浦		大田	*	會寧	*	吉州	
14	郭山		木浦	*	木浦	*	古茂山	*
15	土城		裡里	*	新安州	*	木浦	*
16	南川		鳥致院		大田		會寧	*
17	南市		密陽		水原		咸興	*
18	新安州		金泉		沙里院	*	永安	
19	嶺美		沙里院		萬城		海州	*
20	平澤		松汀里		新鳳山		馬山	*

21	沙里院		新幕		馬山	*	大田	*
22	良策		羅南		城津	*	沙里院	*
23	金泉		孟中里		天安	*	水原	*
24	鎭南浦	*	平澤		光州		金泉	*
25	路下		咸興	*	裡里	*	羅南	
26	新幕		水原		鳥致院	*	光州	
27	開城		定州		金泉	*	本宮	
28	慶山		黃州	*	金堤		新鳳山	
29	倭館		慶山		生氣嶺		龍登	
30	龜浦		井邑		定州		葛麻	
31	水原		天安		井邑		天安	*
32	鳥致院		文川		鐵原	*	麗水	*
33	黃州	*	新灘津		新泰仁		鐵原	*
34	馬洞		興水		開城		全州	
35	密陽		開城		신천		泉洞	
36	長湍		倭館		羅南		鳥致院	*
37	沈村		馬場		新幕		蘆洞	
38	興水		議政府		岐陽		長項	*
39	力浦		宣川		浦項	*	文坪	
40	汶山		永興		南市		裡里	*
41	雲田		福溪		上龍田		昌道	
42	瑞興		南川		醴泉		密陽	
43	石下		淸道		淸州		端川	
44	黑橋		漣川		福溪		和順	
45	宣川		金堤		宣川		淸州	
46	淸道		江景		黃州	*	新站	
47	永同		鐵原		松汀里	*	忠州	
48	物開		安邊		楡川		金堤	
49	天安		永同		龜浦		岐陽	
50	一山		新上		平澤		新安州	*

* 항만 또는 철도 분기역(分岐驛)

<부록 표 5>
도시화 추이, 1925~1944

(단위: 명)

도시	1925	1930	1935	1940	1944
경성부	342,626	394,240	444,098	935,464	988,537
인천부	56,295	68,137	82,997	171,165	213,833
개성부		49,520	55,537	72,062	76,360
대전부			39,061	45,541	76,675
군산부	21,559	26,321	41,698	40,553	57,589
전주부			42,387	47,230	67,095
목포부	26,718	34,689	60,734	64,256	69,269
광주부			54,607	64,520	82,431
대구부	76,534	93,319	107,414	178,923	206,638
부산부	106,642	146,098	182,503	249,734	329,215
마산부	22,874	27,885	31,778	36,429	54,454
진주부				43,291	53,239
해주부				62,651	82,217
신의주부	23,176	48,047	58,462	61,143	118,398
평양부	89,423	140,703	182,121	285,965	341,654
진남포부	27,240	38,296	50,512	68,656	82,144
청진부	20,649	35,925	55,530	197,918	184,301
나진부				38,319	34,390
성진부					68,045
함흥부		43,851	56,571	75,320	112,157
원산부	36,421	42,760	60,169	79,320	112,901

영어 요약문
Abstract

Geographies of Rail Transport during the First Half of Twentieth Century

Woo-kung HUH
Seoul National University

This research examines the rail transport during the Japanese colonial years from 1910s through the early 1940s. Particular attention is given to the geographies of the passenger and freight flows over both the national and private rail lines. The data sets analysed are collated mainly from the statistical yearbooks of the Japanese Government-general of Korea during the colonial time, and the post-colonial publications of Korail and Sungyohoe, the Korean rail authority and a Japanese research institute respectively.

This book is comprised of six parts. The first chapter of the book sets the agenda of the research, along with a literature review on the history of Korean rail transport of the early days. The following chapter identifies three types of railways: the national trunk lines running largely north-south of the Korean Peninsula, the feeder lines built for enhancing local economies and accessibility, and the industrial feeder lines built for extracting and processing resources. The study goes on to examine the ways in which these colonial railways had spanned over the peninsula, and reveals that both the government and private railway companies have contributed equally for the expansion of the colonial rail network.

The third chapter of the book examines the growth of passenger and freight traffics during the colonial time to find an initial rapid growth of rail transport in 1910s and a rather stagnant period of 1920s, followed by a sky-rocketing increase of rail traffics during 1930s and there after. The freight traffics had increased much more rapidly than the passenger movements, indicating that the Korean rail system became more and more freight-oriented in the later years. An interesting feature of the rail flows is that freights moved middle and long distances while passengers travelled much shorter distances. The majority of passengers travelled less than 50 miles, contrary to the common wisdom saying that railways are suitable for longer-range trips in their nature.

The fourth and fifth chapters analyse the geographies of rail transportation at three geographic scales in turn: the regional scale, the individual lines, and the individual rail stations. The regional comparison of rail traffics reveals that the southern lines (that is, south to the capital city of Seoul) served passenger movements more whereas the northern lines (that is, north to Seoul) transported freight more. It is also found that, the passengers transported by the state-run lines outweigh those trips made over the private lines in the south, while there was no significant difference of traffic volumes between the two groups of lines in the north. The private, feeder lines in the north appear to play as much important roles in local passenger transport as the state-run trunk lines.

Once the volume of passenger and freight movements of each line is controlled by its respective length, the analysis reveals an astonishing feature in that the feeder lines connecting the gateway ports along the Yellow Sea with the interior national trunk lines conveyed the heaviest traffic among other national trunk lines and feeder lines.

In the freight transportation, the proportions of agricultural and marine products have decreased during the study period while the proportions of mining and manufacturing products had increased substantially, reflecting a structural change of the colonial economy. The study finds that the rail lines in the northern region are specialized in shipping mining and forestry products, while the rail lines of the southern region in shipping rice and fertilizers. The Seoul-Busan line only, the major trunk line of the peninsula, was diversified in the kinds of freight handled.

Within a given line, the traffics tend to be handled largely at the stations of few major cities: in more detail, a more concentration of passengers on larger city stations than the case of freights. Again, the study finds a regional difference between the north and the south in that the rail stations in the north show a more concentration of traffics on larger cities than the southern stations. Such a regional difference implies that the central place system of the south was mature and population and economic activities were rather evenly distributed in the south, whereas the growth was still limited to a few larger cities in the north. The ranks of large rail stations have remained stable throughout the colonial era, meaning that the railways were initially designed to connect as many major centers as possible, and the resultant rail system in turn had reinforced the dominance of major cities harnessed with better rail accessibility.

The final chapter of the book discusses the major findings of the study and their implications. It highlights research needs on private feeder lines as well as on the freight movements.

찾아보기

발간사

‘한국학’에 대한 관심과 요구가 국내외에서 높아지고 있다. 한국학을 전공으로 하는 학과도 생겨나고 한국학 연구자들의 국제학술대회도 종종 접하게 된다. 한국사회가 짧은 시기에 보여 준 역동적인 변화에 대한 학문적 관심이 나라 안팎으로 증대된 결과일 것이다. 한국의 역사와 문화, 사회적 경험이 점점 더 많은 연구자들의 관심 대상으로 되고 있다는 사실은 매우 반가운 일이다.

한국학이란 고정된 분과학문 체계 내의 한 부분영역이 아니라 다양한 분과학문들이 함께 참여하는 학제적 연구의 성격을 지닌다. 한국학은 과거의 전통에 깊은 관심을 갖지만 현재의 문제들에도 주목하며 미래의 전망을 모색하는 작업도 포함한다. 인문학적 논의와 사회과학적 관심은 물론이고 자연과학적 문제의식과 예술적 시각이 함께 어우러지는 곳이다. 당연히 한국학은 국내의 연구자들이 자신의 특수성만을 부각시키는 폐쇄적인 장이 아니라 전 세계의 학자들이 자유롭게 참여하는 지적 토론의 공간이다. 한국을 대상으로 한 다양한 연구를 지원하며 진지한 논의와 지적 실험을 뒷받침하는 것이야말로 한국학의 가장 중요한 역할이라 할 것이다.

이런 의미에서 한국학은 한국의 문화와 역사적 경험을 전 인류의 문화유산과 역사적 경험의 한 부분으로 바라보는 전 지구적 시각을 요구받고 있다. 한국학은 한국사회의 경험을 연구하되, 그것을 21세기 세계사적 과제들과 더불어 사고함으로써 새로운 문명적 대안을 모색하는 전 지구적 논의에 적극적으로 동참하는 작업이 되어야 한다. 이런 종합적이고 개방적인 연구의 집적을 통해서만 한국의 특수성만을 절대화하는 오류에서 벗어나면서 동시에 서구의 눈으로 한국을 대상화, 타자화하는 오리엔탈리즘적 지역학의 한계도 극복할 수 있는 길이 열릴 것이다.

한국의 학문 발전에 큰 책임을 지고 있는 서울대학교는 한국학의 바람직한 발전을 위해 적극적인 역할을 하고자 한다. 이를 위해 별도의 연구기금을 마련하여 '한국학 장기기초연구 지원사업'을 추진하고 이 사업의 결과물들을 모아 연구총서, 자료총서, 모노그래프를 출간하기로 했다. 서울대학교 교수진의 연구역량과 진지한 문제의식들이 결집됨으로써 한국학의 연구수준이 더욱 높아지고 내용이 보다 풍부해질 것을 믿고 있다. 이 연구사업이 해를 거듭할수록 한국사회에 대한 이해가 깊어짐은 물론이고 한국의 경험을 통해 세계 학계의 시각과 논의도 더욱 풍성해질 것을 기대해 마지않는다.

2003년 8월

서울대학교 규장각한국학연구원 한국학연구사업위원회

서울대학교 규장각한국학연구원 한국학 모노그래프

01 예빈도에 보인 고구려 : 당 이현묘 예빈도의 조우관을 쓴 사절에 대하여 | 노태돈

02 현대 한국유교와 전통 | 금장태

03 살인의 진화심리학 : 조선 후기의 가족 살해와 배우자 살해 | 최재천 / 한영우 / 김호 / 황희선 / 홍승효 / 장대익

04 무협소설의 문화적 의미 | 전형준

05 정조시대의 무예 | 나영일

06 벼락도끼와 돌도끼 : 고고자료에 대한 전통적 인식 연구 | 이선복

07 한국 옛 경관 속의 생태지혜 | 이도원

08 식민권력과 통계 : 조선총독부의 통계체계와 센서스 | 박명규 / 서호철

09 한국의 천연염료 : 전통염료와 천연염색기술 | 김재필 / 이정진

10 북한의 의학교육 | 박재형 / 김옥주 / 황상익

11 국문 글쓰기의 재탄생 | 권영민

12 사할린 귀환자 | 이순형

13 조선시대의 간척지 개발 : 국토 확장과정과 이용의 문제 | 박영한 / 오상학

14 3칸×3칸 : 한국 건축의 유형학적 접근 | 전봉희 / 이강민

15 위성영상을 이용한 북한지역의 해안습지연구 : 평안남도를 사례로 | 유근배

16 한국 구비문학에 수용된 재담 연구 | 서대석

17 한국 자본자유화와 금융자유화의 근년변화 : OECD 가입 및 IMF 사태 이후의 실상, 평가 및 대응 | 이천표

18 구어 한국어의 의향법 실현방법 | 권재일

19 조선시대 복식에 나타난 적색계 색명의 의미 | 남윤자 / 김순영 / 박성실

20 우리나라 인체기생충 및 의용절지동물의 동물상과 개요 | 채종일

21 경제개방이 우리나라 노동시장에 미친 효과 | 김대일

22 한국 고소설에 나타난 오이디푸스 콤플렉스 : ‹심청전›·‹콩쥐팥쥐전› | 류인균

23 남북한 경제의 이질성 : 경제통합에 관한 함의 | 이지순

24 한국에서 마르크스주의 경제학의 도입과 전개과정 | 김수행

25 한국 장수인의 개체적 특성과 사회환경적 요인 : 호남지방 장수벨트를 중심으로 | 박상철 / 이미숙 / 이정재 / 한경혜

26 전통마을 경관요소들의 생태적 의미 | 이도원

27 한국의 중산층 | 홍두승

28 한국 여성의 건강증진행위 | 윤순녕 / 김숙영 / 이지윤

29 心과 性 : 茶山의 ‹孟子› 해석 | 금장태

30 20세기 초기 국어의 문법 | 권재일

31 한국의 고령노동 : 경제활동과 고용구조의 장기적 변화 | 이철희

32 웃음으로 눈물 닦기 : 한국 언어문화의 한 특질 | 김대행

33 한국의 좌파 경제학자들 | 김수행 / 김공회

34 온돌과 한국인의 수면 생활 : 침상 기후를 중심으로 | 최정화 / 김문숙

35 한국 고대의 온돌 : 북옥저, 고구려, 발해 | 송기호

36 한국 시민단체의 내부의사결정과정에 관한 연구 | 김준기

37 한국문화를 쓴다 : 강용흘의 ‹초당›과 이미륵의 ‹압록강은 흐른다› 비교연구 | 최윤영

38 정약용 사상 속의 과학기술 : 유가 전통, 실용성, 과학기술 | 김영식

39 仁과 禮 : 다산의 ‹논어› 해석 | 금장태

40 서양인의 한국 종교 연구 | 김종서

41 韓國詩話에 보이는 杜詩 | 이영주

42 한국의 소득불평등과 빈곤 : 소득분배 악화와 사회보장정책의 과제 | 구인회

43 한국인 치매환자의 행동 및 심리 증상의 횡문화적 특성 | 조맹제 / 김진영

44 한국 사회복지 네트워크의 구성과 효과성 : 지역종합사회복지관의 네트워크 구성과 조직 효과성을 중심으로 | 김준기

45 근대한국의 국제관념에 나타난 도덕과 권력 | 장인성

46 한국의 의료체제 : 제도와 지배구조 | 송호근

47 몽골제국과 고려 : 쿠빌라이 정권의 탄생과 고려의 정치적 위상 | 김호동

48 한국무협소설의 작가와 작품 | 전형준

49 한국 근대소설에 나타난 오이디푸스 콤플렉스의 이해 : 이광수, 김동인, 염상섭, 이상을 중심으로 | 류인균

50 한국의 하구역 : 하구둑 건설 이후의 지형변화 | 유근배 / 김성환 / 신영호

51 한국의 신용평가제도 | 이인호

52 전통 마을숲의 생태계 서비스 | 이도원 / 고인수 / 박찬열

53 두 개의 예외적인 복제체제 비교 연구 : 한국 복지국가 모형의 탐색 | 김태성

54 박정희 체제의 성립과 전개 및 몰락 : 국제적 / 국내적 계급관계의 관점 | 김수행 / 박승호

55 한국 서해안의 해안사구 : 지형학적 관점을 중심으로 | 유근배 / 류호상

56 ‹기우제등록›과 기후의례 : 기우제, 기청제, 기설제 | 최종성

57 한국어 술어의 사건 구조와 논항 구조 | 남승호

58 舊韓末의 韓獨 外交文書 '德案' 硏究 | 권오현

59 현대 한국어의 공시 형태론 : 경주지역어를 실례로 | 최명옥

60 서양문화를 쓴다 : 강용흘의 ‹동양 서양에 가다›와 이미륵의 ‹압록강에서 이자르강까지› | 최윤영

61 시장발전과 경제개발 | 이승훈

62 고려국가와 집단의식 | 노명호

서울대학교 규장각한국학연구원 한국학 연구총서

01 지방문학사 : 연구의 방향과 과제 | 조동일

02 한국 근대과학 형성과정 자료 | 문만용·김영식

03 목석의 울음 : 손창섭 문학의 정신분석 | 조두영

04 통일한국의 농업 : 통일 이후 남·북한 농산물의 통합생산 방안 | 김완배·김한호·이정재·이태호·정하우

05 현대 한국사회의 철학적 문제 : 사회운영원리 | 백종현

06 한국유교의 과제 | 금장태

07 韓國 古代·中世初期 土地制度史 : 古朝鮮~新羅·渤海 | 이경식

08 ‹무과총요› 연구 | 나영일

09 북한 주요 산업지역의 토지이용 변화와 개방지역에 관한 연구 | 황만익·이기석

10 재벌체제와 다국적기업 : 경제개발의 두 가지 유형 | 이승훈

11 붉은악마와 월드컵 | 이순형

12 ‹조선왕조실록› 보존을 위한 기초 조사연구 (1) | 송기중·신병주·박지선·이인성

13 한국 근대의 사회복지 | 안상훈·조성은·길현종

14 한국어 체언의 음변화 연구 | 이상억

15 조선 중기 무예서 연구 | 나영일·노영구·양정호·최복규

16 1950년대 사회주의 건설기의 북한 보건의료 | 황상익

17 후발 산업화와 국가의 동학 : 탈관료화와 강성국가의 공동화 | 하용출

18 조선 후기의 기술도 : 서양 과학의 도입과 미술의 변화 | 정형민·김영식

19 韓國 中世 土地制度史 : 朝鮮前期 | 이경식

20 남북 언어의 문법 표준화 | 권재일

21 50권본 ‹화엄경› 연구 | 이승재

22 한·중 소화의 비교 | 서대석

23 고려전기의 전시과 | 이경식

24 개항기 전후 경상도의 육상교통 | 허우긍·도도로키 히로시

25 한국어의 주제와 통사 분석 : 주제 개념의 새로운 전개 | 임홍빈

26 한국적 패션 디자인의 제다움 찾기 : 전통미와 현대적 활용을 중심으로 | 김민자

27 한국 근대문학교육사 연구 | 우한용

28 ‹조선왕조실록›의 여진족 족명과 인명 | 김주원

30 삼국통일전쟁사 | 노태돈

31 한국의 사회운동과 진보정당 | 임현진

32 한국 행락문화의 변천과정 | 황기원

서울대학교 규장각한국학연구원 한국학 자료총서

01 古代國語 語彙標記 漢字의 字別 用例 硏究 | 송기중

02 한국철학자료집 : 불교편 1 - 삼국과 통일신라의 불교사상 | 허남진 외 편역

03 한국철학자료집 : 불교편 2 - 고려시대의 불교사상 | 심재룡 외 편역

05 서울대학교 중앙도서관 고문헌자료실 소장 ‹경제문고› 해제집 | 권태억 외

06 한글본 이언 연구 | 민현식

07-1 원문 교주 구운몽 | 원작 김만중, 교주 김병국

07-2 현대역 구운몽 | 원작 김만중, 옮김 김병국

08 해방 이후 한국기업의 진화 I : 1976~2005년간의 통계의 구축과 기초분석 | 이근 외

09 해방 이후 한국기업의 진화 II : 1956~1977년간의 통계의 구축과 기초분석 | 이근 외

10 서울대학교박물관소장 식민지시기 유리건판 | 이문웅·강정원·신일

11 풍자 우화 그리고 계몽담론 | 권영민

12 한국근현대문학의 프랑스문학수용 | 이건우 외

13-1 유원총보역주 1 | 원작 김육, 역주 허성도 / 김창환 / 강성위

허우긍(許宇亘) Huh, Woo-kung
경기도 개성에서 태어나 부산에서 자랐다. 서울대학교 지리학과를 졸업하고, 미국 오하이오주립대학교에서 지리학박사 학위를 받았다. 서원대학교와 서울대학교 지리학과 교수로 봉직하였고, 대한지리학회 회장을 역임하였으며, 지금은 서울대학교 지리학과 명예교수이다. 저서로는 ≪개항기 전후 경상도의 육상교통≫, ≪네트워크의 지리학≫, ≪교통의 지리≫, 번역서로는 ≪경관으로 이해하는 미국≫ 등이 있다.

서울대학교 규장각한국학연구원 한국학연구총서 36

일제 강점기의 철도 수송

초판 1쇄 발행 | 2010년 8월 31일
초판 3쇄 발행 | 2018년 10월 30일

지은이 | 허우긍
펴낸이 | 성낙인
펴낸곳 | 서울대학교출판문화원

출판등록 제15-3호

주소 08826 서울 관악구 관악로 1
대표전화 02-880-5252 | 팩스 02-888-4148
홍보마케팅팀(주문 상담) 02-889-4424, 02-880-7995
이메일 snubook@snu.ac.kr
홈페이지 www.snupress.com

ISBN 978-89-521-2836-2 94300
978-89-521-1028-2 (세트)